alt

W0463075

Wörterverzeichnis 1 (ab Klasse 2)

- Die Wörter sind nach dem Abc geordnet.

C
D
E
F

- Die hervorgehobenen Buchstaben am Seitenrand helfen bei der Wörtersuche.

- Die Wortarten haben verschiedene Farben:
  Nomen (Namenwörter) sind blau.
  Verben (Tunwörter) sind rot.
  Adjektive (Wiewörter) sind grün.
  Die anderen Wortarten sind schwarz.

- Vor den Nomen (Namenwörtern) steht der Artikel (der, die, das). Einzahl und Mehrzahl stehen untereinander.

- Verben (Tunwörter) und Adjektive (Wiewörter) können verschiedene Formen haben. Schwierige Formen werden zusätzlich zur Grundform angegeben.

  sprechen
  er spricht

  arm, ärmer

A

ab
der Abend
die Abende
abends
aber
acht
der Affe
die Affen
alle
allein
alles
als
also
alt, älter
am
die Ameise
die Ameisen
die Ampel
die Ampeln
an
andere
anders
der Anfang
die Anfänge
anfangen
die Angst
die Ängste
anrufen
die Antwort
die Antworten
antworten
anziehen
der Apfel
die Äpfel

der April
die Arbeit
die Arbeiten
arbeiten
arm, ärmer
der Arm
die Arme
der Arzt
die Ärzte
der Ast
die Äste
auch
auf
die Aufgabe
die Aufgaben
das Auge
die Augen
der August
aus
das Auto
die Autos

B

das Baby
die Babys
der Bach
die Bäche
backen
der Bäcker
die Bäcker
baden
der Bagger
die Bagger
der Ball

die Bälle
die Banane
die Bananen
die Bank
die Bänke
der Bär
die Bären
basteln, sie bastelt
der Bauch
die Bäuche
bauen
der Baum
die Bäume
bei
beide
das Bein
die Beine
bekommen

bellen
der Berg
die Berge
besonders
besser
der Besuch
die Besuche
das Bett
die Betten
bewegen
bezahlen
die Biene
die Bienen
das Bild
die Bilder
ich bin
die Birne
die Birnen

A
B
C
D
E
F
G
H
I
J
K
L
M
N
O
P
Q
R
S
T
U
V
W
X
Y
Z

bis
du bist
bitten
das Blatt
die Blätter
blau
bleiben
der Blitz
die Blitze
blühen
die Blume
die Blumen
die Blüte
die Blüten
bluten
der Boden
die Böden
das Boot
die Boote
böse
brauchen
braun
brennen
der Brief
die Briefe
die Brille
die Brillen
bringen
das Brot
die Brote
das Brötchen
die Brötchen
der Bruder
die Brüder
das Buch
die Bücher

bunt
der Bus
die Busse
der Busch
die Büsche
die Butter

C

der Cent
die Cent
der Christ
die Christen
der Christbaum
die Christbäume
der Clown
die Clowns
der Computer
die Computer

D

da
dabei
das Dach
die Dächer
dafür
damit
danken
dann
daran
darum
das
davon
dazu
dein
dem
den
denken
denn
der
deutsch
der Dezember
dich
dick
die
der Dienstag
die Dienstage
diese
dieser
der Dinosaurier
die Dinosaurier
dir
doch
der Donnerstag
die Donnerstage

das Dorf
die Dörfer
dort
die Dose
die Dosen
draußen
drei
drücken
du
dumm, dümmer
dunkel, dunkler
dünn
durch
dürfen, er darf
der Durst
durstig

E

die Ecke
die Ecken
das Ei
die Eier
eilig
der Eimer
die Eimer
ein
eine
einer
eines
einfach
einige
einmal
eins
das Eis

der Elefant
die Elefanten
elf
die Eltern
das Ende
die Enden
endlich
eng
die Ente
die Enten
er
die Erde
erklären
erlauben
erzählen
es
der Esel
die Esel
essen, sie isst
das Essen
die Essen
etwa
etwas
euch
euer
die Eule
die Eulen
eure
der Euro
die Euro
ewig

F

fahren, er fährt
fallen, sie fällt
falsch
die Familie
die Familien
fangen, er fängt
der Februar
fehlen
der Fehler
die Fehler
feiern
fein
das Feld
die Felder
das Fenster
die Fenster
die Ferien
fertig
das Fest
die Feste
das Feuer
die Feuer
finden
der Finger
die Finger
der Fisch
die Fische
die Flasche
die Flaschen
fleißig
die Fliege
die Fliegen
fliegen
der Flügel

die Flügel
flüssig
fragen
die Frau
die Frauen
frech
frei
der Freitag
die Freitage
fremd
der Fremde
die Fremden
die Freude
die Freuden
freuen
der Freund
die Freunde
die Freundin
die Freundinnen
frieren
frisch
die Frucht
die Früchte
der Frühling
füllen
der Füller
die Füller
fünf
für
der Fuß
die Füße

G

die Gabel
die Gabeln
ganz
der Garten
die Gärten
geben, sie gibt
der Geburtstag
die Geburtstage
gefährlich
gegen
gehen
gelb, gelbe Farbe
das Geld
die Gelder
das Gemüse
genau
genug
gerade
gern
das Geschenk
die Geschenke
das Gesicht
die Gesichter
gestern
gesund
gesunde Kinder
gesünder
gießen
die Giraffe
die Giraffen
das Glas
die Gläser
glatt
glauben

A B C D E F G H I J K L M N O P Q R S T U V W X Y Z

gleich
das Glück
graben, sie gräbt
das Gras
die Gräser
groß, größer
grün
der Grund
die Gründe
die Gruppe
die Gruppen
gut

H

das Haar
die Haare
haben, er hat
der Hals
die Hälse
halten, sie hält
die Hand
die Hände
hart, härter
der Hase
die Hasen
das Haus
die Häuser
die Haut
die Häute
heben

die Hecke
die Hecken
das Heft
die Hefte
heiß
heißen
helfen, er hilft
hell
das Hemd
die Hemden
her
der Herbst
der Herr
die Herren
das Herz
die Herzen
heute
die Hexe

die Hexen
hier
die Hilfe
der Himmel
hin
hinauf
hinten
hinter
hoch, höher
hoffen
hoffentlich
holen
hören
die Hose
die Hosen
der Hund
die Hunde
hundert

I

ich
der Igel
die Igel
ihm
ihn
ihnen
ihr
ihre
im
immer
in
ins
die Insel
die Inseln
ist (es ist schön)

J

ja
das Jahr
die Jahre
der Januar
jede
jeder
jedes
jemand
jetzt
das Jo-Jo
die Jo-Jos
der Juli
jung, jünger
der Junge
die Jungen
der Juni

K

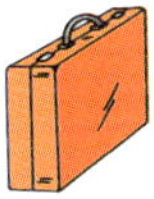

der Käfer
die Käfer
der Kalender
die Kalender
kalt, kälter
die Kälte
das Kamel
die Kamele
kaputt
der Käse
die Katze
die Katzen
kaufen
kein
keine
keiner
kennen
das Kind
die Kinder
klar
die Klasse
die Klassen
kleben
das Kleid
die Kleider
klein
klingen
klug, klüger
der Knochen
die Knochen
kochen
der Koffer
die Koffer
kommen

A B C D E F G H I J K L M N O P Q R S T U V W X Y Z

der König
die Könige
die Königin
die Königinnen
können, er kann
der Kopf
die Köpfe
der Körper
die Körper
kosten
krank, kränker
das Kraut
die Kräuter
kriegen
die Küche
die Küchen
der Kuchen
die Kuchen
die Kuh
die Kühe
kurz, kürzer

L

lachen
die Lampe
die Lampen
das Land
die Länder
lang, länger
langsam
lassen, er lässt
das Laub
laufen, sie läuft
laut

leben
das Leben
die Leben
leer
legen
der Lehrer
die Lehrer
die Lehrerin
die Lehrerinnen
leicht
leise
lernen
lesen, sie liest
die Leute
das Lexikon
die Lexika
das Licht
die Lichter

lieb
lieben
das Lied
die Lieder
liegen
links
das Loch
die Löcher
der Löffel
die Löffel
der Löwe
die Löwen
die Luft
die Lüfte
lustig

M

machen
das Mädchen
die Mädchen
der Mai
malen
die Mama
die Mamas
man
manchmal
der Mann
die Männer
der März
die Maus
die Mäuse
mehr
mein
meine
meiner
der Mensch
die Menschen
das Messer
die Messer
mich
die Milch
die Minute
die Minuten
mir
mit
der Mittag
die Mittage
die Mitte
der Mittwoch
die Mittwoche
mögen, er mag

der Monat
die Monate
der Montag
die Montage
morgen
der Morgen
müde
der Müll
der Mund
die Münder
die Musik
müssen, es muss
der Mut
mutig
die Mutter
die Mütter

N

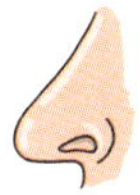

nach
der Nachmittag
die Nachmittage
nächste
die Nacht
die Nächte
der Nagel
die Nägel
nah, näher
der Name
die Namen
die Nase
die Nasen
nass
natürlich
der Nebel

die Nebel
neben
nehmen
nein
das Nest
die Nester
neu
neun
nicht
nichts
nie
niemand
er nimmt
noch
die Not
die Nöte
der November
die Nudel
die Nudeln
nun
nur

O

ob
oben
das Obst
obwohl
oder
der Ofen
die Öfen
offen
oft
ohne
das Ohr

die Ohren
der Oktober
die Oma
die Omas
der Onkel
die Onkel
der Opa
die Opas
der Ordner
die Ordner
der Ort
die Orte
Ostern

P

packen
das Paket
die Pakete
der Papa
die Papas
das Papier
die Papiere
die Pappe
die Pappen
die Pause
die Pausen
das Pferd
die Pferde
die Pflanze
die Pflanzen
pflanzen

A B C D E F G H I J K L M N O P Q R S T U V W X Y Z

pflegen
der Pilz
die Pilze
die Pizza
die Pizzas
der Platz
die Plätze
plötzlich
die Polizei
die Pommes
die Post
der Preis
die Preise
die Puppe
die Puppen
putzen

Qu

das Quadrat
die Quadrate
quaken
die Qualle
die Quallen
der Quark
der Quatsch
quer

R 

das Rad
die Räder
raten, sie rät
der Raum
die Räume
die Raupe
die Raupen
rechnen
rechts
reden
der Regen
regnen
reich
die Reise
die Reisen
reisen
rennen
richtig
riechen
der Ring
die Ringe
der Rock
die Röcke
rollen
der Roller
die Roller
rot, röter
der Rücken
die Rücken
rufen
rund
die Rutsche
die Rutschen
rutschen

S

die Sache
die Sachen
der Saft
die Säfte
sagen
das Salz
die Salze
der Samstag
die Samstage
der Sand
sandig
der Satz
die Sätze
sauber
scharf, schärfer
schauen
scheinen
schenken
die Schere
die Scheren
schief
das Schiff
die Schiffe
schlafen, er schläft
schlagen
sie schlägt
schlau
schlecht
der Schlüssel
die Schlüssel
der Schmetterling
die Schmetterlinge
schmutzig
der Schnee

schneiden
schnell
die Schokolade
schon
schön
schreiben
schreien
die Schrift
die Schriften
der Schuh
die Schuhe
die Schule
die Schulen
schwarz, schwärzer
die Schwester
die Schwestern
schwimmen
sechs

sehen, er sieht
sehr
die Seife
die Seifen
sein
seine
seiner
seit
die Seite
die Seiten
die Sekunde
die Sekunden
der September
sich
sie
sieben
singen
sitzen

A B C D E F G H I J K L M N O P Q R S T U V W X Y Z

so
der Sohn
die Söhne
sollen, sie soll
der Sommer
die Sommer
die Sonne
die Sonnen
der Sonntag
die Sonntage
sonst
die Spaghetti
sparen
spät
spielen
die Spinne
die Spinnen
spitz

der Sport
sprechen, er spricht
springen
die Stadt
die Städte
die Stange
die Stangen
der Stängel
die Stängel
stark, stärker
stehen
der Stein
die Steine
stellen
der Stift
die Stifte
still
die Stirn

die Stirnen
der Strauch
die Sträucher
der Stuhl
die Stühle
die Stunde
die Stunden
suchen
süß

T

die Tafel
die Tafeln
der Tag
die Tage
die Tante
die Tanten
die Tasche
die Taschen
die Tasse
die Tassen
tauchen
der Teddy
die Teddys
der Tee
die Tees
das Telefon

A B C D E F G H I J K L M N O P Q R S T U V W X Y Z

A B C D E F G H I J K L M N O P Q R S T U V W X Y Z

die Telefone
der Teller
die Teller
die Temperatur
die Temperaturen
teuer, teurer
der Text
die Texte
das Thermometer
die Thermometer
tief
das Tier
die Tiere
der Tisch
die Tische
die Tochter
die Töchter
der Topf
die Töpfe
das Tor
die Tore
tragen, sie trägt
der Traum
die Träume
traurig
trinken
trocken
tun, sie tut
die Tür
die Türen
turnen
die Tüte
die Tüten

U

üben
über
die Übung
die Übungen
das Ufer
die Ufer
das Ufo
die Ufos
die Uhr
die Uhren
um
und
der Unfall
die Unfälle
uns
unser
unsere
unten
unter
der Urlaub
die Urlaube

V

der Vater
die Väter
vergessen
sie vergisst
verkaufen
der Verkehr
verstehen
versuchen
viel

A B C D E F G H I J K L M N O P Q R S T U V W X Y Z

vielleicht
vier
der Vogel
die Vögel
voll
vom
von
vor
vorne
vorsichtig

W

der Wagen
die Wagen
der Wald
die Wälder
wann
warm, wärmer
die Wärme
warten
warum
was
waschen, er wäscht
das Wasser
der Weg
die Wege
Weihnachten
weil

weinen
weiß
weit
welche
welcher
wem
wen
wenig
wenn
wer
werden, er wird
werfen, er wirft
das Wetter
wie
wieder
die Wiese
die Wiesen
der Wind
die Winde
der Winter
die Winter
wir
wissen, er weiß
wo
die Woche
die Wochen
wohnen
die Wolke
die Wolken
wollen, sie will
das Wort
die Wörter
wünschen
die Wurzel
die Wurzeln

A B C D E F G H I J K L M N O P Q R S T U V W X Y Z

Z

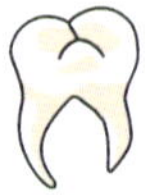

die Zahl
die Zahlen
zählen
der Zahn
die Zähne
das Zebra
die Zebras
die Zehe
die Zehen
zehn
zeigen
die Zeit
die Zeiten
das Zimmer
die Zimmer
der Zoo
die Zoos
zu
der Zucker
zuerst
der Zug
die Züge
zum
zur
zusammen
zwei
der Zweig
die Zweige
die Zwiebel
die Zwiebeln
zwischen
zwölf

Wörterverzeichnis 2 (ab Klasse 3)

- Die Wörter sind nach dem Abc geordnet.

- Die Buchstaben
  ä, ö, ü, ß und äu sind unter
  a, o, u, ss und au eingeordnet.

- Die hervorgehobenen Buchstaben am Seitenrand helfen bei der Wörtersuche.

C
D
E
F

- Silbentrennstriche zeigen,
  wie ein Wort getrennt werden kann.

  Sil|ben|trenn|stri|che

  Manche Wörter können unterschiedlich getrennt werden. Andere Trennmöglichkeiten werden durch orangefarbene Trennstriche markiert.

  durch|ei|n|an|der

Hinweise

- Verwandte Wörter sind grau gedruckt.

  acht, achtzehn, achtzig, um acht, der Achte, achtmal

- Vor Nomen (Namenwörter) steht der Artikel (Begleiter).
  Übliche Mehrzahlformen (Plural) werden angegeben.

  der Ab|hang, die Abhänge

- Adjektive (Wiewörter) können gesteigert werden.
  Schwierige Steigerungsformen von Adjektiven werden angegeben.

  warm, wärmer, am wärmsten

- Verben (Tunwörter) werden in der Grundform und in einer Gegenwartsform (3. Person Einzahl) angegeben.

  ma|len, er malt

  Bei unregelmäßigen Verben (Tunwörter) werden drei Zeitformen angegeben.

  lau|fen, sie läuft, ich lief, er ist gelaufen

- Manche Wörter können unterschiedlich geschrieben werden. Andere verwendbare Schreibweisen, Abkürzungen oder Artikel stehen in eckigen Klammern.

  strub|be|lig [strubblig]

  der Ki|lo|me|ter [km], die Kilometer

  der [das] Lap|top

- Pfeile verweisen auf:
  verwandte Verben (Tunwörter),

  ab|schi|cken → schicken

  verwandte unregelmäßige Verben (kursiv),

  ab|stei|gen → *steigen*

  gleich klingende Wörter, die aber unterschiedlich geschrieben werden und

  die Sai|te (beim Musikinstrument), die Saiten,
  Vergleich: → Seite

  empfohlene Schreibweisen.

  der Schi → Ski

A

der **Aal**, die Aale
das **Aas**
ab, ab und zu
abbeißen → *beißen*
abbiegen → *biegen*
die **Abbildung**, die Abbildungen, abbilden
abbrechen → *brechen*, der Abbruch
abbremsen, er bremst ab
das **Abc**, das Alphabet
der **Abend**, die Abende, am Abend, eines Abends, heute Abend, abends, das Abendessen
das **Abenteuer**, die Abenteuer, abenteuerlich
aber
der **Aberglaube**, abergläubisch
abermals
abfahren → *fahren*, die Abfahrt
der **Abfall**, die Abfälle
abfliegen → *fliegen*
abfließen → *fließen*, der Abfluss
das **Abgas**, die Abgase
abgeben → *geben*, die Abgabe
abgenutzt → abnutzen
der **Abgeordnete**, die Abgeordneten, die Abgeordnete
abgestorben → absterben
abgewöhnen → gewöhnen
der **Abgrund**, die Abgründe
abgucken → gucken
der **Abhang**, die Abhänge
abhängig
abhauen → hauen
abholen → holen, die Abholung
das **Abitur**
abkaufen → kaufen
abkürzen → kürzen, die Abkürzung
ablegen → legen, der Ableger
ablehnen → lehnen, die Ablehnung
ablenken → lenken, die Ablenkung
abmachen → machen, die Abmachung
abmelden → melden, die Abmeldung
abnehmen → *nehmen*, die Abnahme
abnutzen [abnützen],

es nutzt ab
das **Abo** (das Abonnement), die Abos, abonnieren
ab|rech|nen → rechnen, die Abrechnung
ab|rei|sen → reisen, die Abreise
ab|rei|ßen → *reißen*, der Abriss
der **Ab|satz**, die Absätze
ab|schal|ten → schalten
ab|schi|cken → schicken
der **Ab|schied**, die Abschiede
ab|schlep|pen → schleppen
ab|schlie|ßen → *schließen*, der Abschluss
ab|schnei|den → *schneiden*, der Abschnitt
ab|schrei|ben → *schreiben*, die Abschrift
ab|seits, sie steht abseits, im Abseits stehen
ab|sen|den → *senden*
die **Ab|sen|de|rin**, die Absender, der Absender
die **Ab|sicht**, die Absichten, absichtlich
ab|so|lut
ab|spü|len → spülen
ab|stam|men, es stammt ab, die Abstammung
der **Ab|stand**, die Abstände
ab|stei|gen → *steigen*, der Abstieg
ab|stel|len → stellen
ab|ster|ben → *sterben*
ab|stim|men, er stimmt ab, die Abstimmung
der **Ab|sturz**, die Abstürze
ab|stür|zen → stürzen
das **Ab|teil** (im Zug), die Abteile
die **Ab|tei|lung**, die Abteilungen
ab|trock|nen → trocknen
ab|war|ten → warten
ab|wärts
der **Ab|wasch**, abwaschen, abwaschbar
das **Ab|was|ser**, die Abwässer
ab|wech|seln → wechseln, die Abwechslung, abwechselnd
ab|weh|ren → wehren, die Abwehr
ab|zäh|len → zählen
das **Ab|zei|chen**, die Abzeichen
die **Ab|zwei|gung**, die Abzweigungen
ach!
die **Ach|se**, die Achsen
die **Ach|sel**, die Achseln
acht, achtzehn, achtzig, um acht, der Achte, achtmal

A B C D E F G H I J K L M N O P Q R S T U V W X Y Z

achten, sie achtet, achtgeben, gib acht!, die Achtung, achtlos
der **Acker**, die Äcker
die **Action** (spannende Handlung), der Actionfilm, Vergleich: → Aktion
addieren, sie addiert, die Addition
der **Adel**, adlig [adelig]
die **Ader**, die Adern
das **Adjektiv** (Wiewort), die Adjektive
der **Adler**, die Adler
adoptieren, er adoptiert, die Adoption
die **Adresse**, die Adressen, adressieren, der Adressat
der **Advent**, der Adventskranz
der **Affe**, die Affen, affig
Afrika, die Afrikaner, afrikanisch
die **AG** (Arbeitsgemeinschaft), die AGs
der **Agent**, die Agenten, die Agentin
aggressiv, die Aggression
ahnen, er ahnt, die Ahnung, ahnungslos
ähnlich, die Ähnlichkeit
der **Ahorn**, die Ahorne
die **Ähre**, die Ähren, die Getreideähre, Vergleich: → Ehre
das **Aids** (Krankheit)
der **Airbag**, die Airbags
das **Akkordeon**, die Akkordeons
der **Akku**, die Akkus
der **Akkusativ** (4. Fall, Wen-oder-was-Fall)
die **Akrobatin**, die Akrobaten, der Akrobat, akrobatisch
die **Akte**, die Akten
die **Aktie**, die Aktien
die **Aktion** (Handlung), die Aktionen, Vergleich: → Action
aktiv, die Aktivität
aktuell
akut
der **Alarm**, die Alarme, alarmieren
Albanien, die Albaner, albanisch
albern, die Albernheit
der **Albtraum** [Alptraum], die Albträume
das **Album**, die Alben
die **Alge**, die Algen
der **Alkohol**, alkoholfrei, alkoholisch
das **All** (Weltall)
Allah
alle, all, alles
die **Allee**, die Alleen

allein, alleine
allerdings
die Allergie, die Allergien, allergisch
allerhand
Allerheiligen
allerlei
allgemein, im Allgemeinen
allmählich
der Alltag, alltäglich
allzu
die Alm, die Almen
die Alpen
das Alphabet (Abc), alphabetisch
als
also
alt, älter, am ältesten, das Alter
der Altar, die Altäre
die Alternative, die Alternativen
das Aluminium, die Alufolie
am (an dem)
der Amateur, die Amateure, die Amateurin
die Ameise, die Ameisen
Amerika, die Amerikaner, amerikanisch
die Ampel, die Ampeln
die Amsel, die Amseln
Amsterdam (Hauptstadt der Niederlande)

das Amt, die Ämter, amtlich
amüsieren, sie amüsiert sich
an
die Ananas, die Ananas [Ananasse]
der Anbau, anbauen
anbieten → *bieten*
anbinden → *binden*
der Anblick, anblicken
anbrennen → *brennen*
anbrüllen → brüllen
die Andacht, die Andachten, andächtig
andauernd
das Andenken, die Andenken
andere, ein anderer, etwas anderes
ändern, er ändert, die Änderung
anders
der Andrang
aneinander
anerkennen, sie erkennt an, die Anerkennung
der Anfall, die Anfälle, anfällig
der Anfang, die Anfänge, der Anfänger, anfangs
anfangen → *fangen*
anfassen → fassen
anfeuern → feuern

A B C D E F G H I J K L M N O P Q R S T U V W X Y Z

anfordern → fordern, die Anforderung
anführen → führen, die Anführerin
angeben → *geben*, der Angeber, die Angabe
angeblich
das **Angebot**, die Angebote
der **Angehörige**, die Angehörigen, die Angehörige
die **Angeklagte**, die Angeklagten, der Angeklagte
die **Angel**, die Angeln, die Anglerin, angeln
die **Angelegenheit**, die Angelegenheiten
angenehm
der **Angestellte**, die Angestellten, die Angestellte
angewöhnen → gewöhnen, die Angewohnheit
angreifen → *greifen*
der **Angriff**, die Angriffe
die **Angst**, die Ängste, ängstlich, ängstigen
angucken → gucken
anhalten → *halten*
der **Anhänger**, die Anhänger
Ankara (Hauptstadt der Türkei)
der **Anker**, die Anker, ankern
anklagen → klagen
anklicken, er klickt an
ankommen → *kommen*, die Ankunft
ankreuzen → kreuzen
die **Anlage**, die Anlagen
der **Anlass**, die Anlässe, anlässlich
der **Anlauf**, die Anläufe, anlaufen
anlehnen, sie lehnt sich an
die **Anleitung**, die Anleitungen, anleiten
anmalen → malen
anmelden → melden, die Anmeldung
die **Annahme**, annehmen
die **Annonce** (Anzeige), die Annoncen
der **Anorak**, die Anoraks
die **Anrede**, anreden
der **Anruf**, die Anrufe
anrufen → *rufen*
ans (an das)
die **Ansage**, die Ansagen, ansagen
anschauen → schauen, die Anschauung, anschaulich
anscheinend, der Anschein
anschließen → *schließen*, der Anschluss

A B C D E F G H I J K L M N O P Q R S T U V W X Y Z

anschließend
anschnallen, er schnallt sich an
die Anschrift, die Anschriften
ansehen → *sehen*, ansehnlich
die Ansicht, die Ansichten
ansprechen → *sprechen*, die Ansprache
der Anspruch, die Ansprüche
anständig, der Anstand
anstatt
anstecken → stecken, die Ansteckung, ansteckend
anstellen → stellen, die Anstellung
der Anstoß, die Anstöße, anstoßen
anstrengen, sie strengt sich an, anstrengend, die Anstrengung
die Antarktis (Südpol), antarktisch
der Anteil, die Anteile
die Antenne, die Antennen
antik
die Antiquität, die Antiquitäten
der Antrag, die Anträge
die Antwort, die Antworten
antworten, er antwortet
der Anwalt, die Anwälte, die Anwältin
anweisen → *weisen*, die Anweisung
anwenden → wenden, die Anwendung
anwesend, die Anwesenheit
die Anzahl, anzahlen, die Anzahlung
die Anzeige, die Anzeigen, anzeigen
anziehen → *ziehen*
der Anzug, die Anzüge
anzünden → zünden
das Apartment, die Apartments
der Apfel, die Äpfel
die Apfelsine, die Apfelsinen
die Apotheke, die Apotheken, der Apotheker
die [das] App, die Apps
der Apparat, die Apparate
der Appetit, appetitlich
der Applaus, applaudieren
die Aprikose, die Aprikosen
der April
das Aquarium, die Aquarien
der Äquator
Arabien, die Araber, arabisch
die Arbeit, die Arbeiten, die Arbeiterin
arbeiten, er arbeitet, arbeitslos
der Architekt, die Architekten, die Architektin
das Archiv, die Archive
die Arena, die Arenen

A B C D E F G H I J K L M N O P Q R S T U V W X Y Z

der **Ärger**, das Ärgernis, ärgerlich
ärgern, sie ärgert
arglistig
das **Argument**, die Argumente, argumentieren
die **Arktis** (Nordpol), arktisch
arm, ärmer, am ärmsten, die Armut, ärmlich, armselig
der **Arm**, die Arme
der **Ärmel**, die Ärmel
das **Aroma**, die Aromen, aromatisch
die **Art**, die Arten
artig (brav)
der **Artikel**, die Artikel
der **Artist**, die Artisten, die Artistin
die **Ärztin**, die Ärzte, der Arzt, ärztlich
die **Asche**, die Aschen
Asien, die Asiaten, asiatisch
der **Asphalt**, asphaltieren
das **Ass**, die Asse
der **Assistent**, die Assistenten, die Assistentin
der **Ast**, die Äste
das **Asthma**, die Asthmatikerin
der **Astronaut**, die Astronauten, die Astronautin
das **Asyl**
das **Atelier** (Künstlerwerkstatt), die Ateliers
der **Atem**, atemlos
Athen (Hauptstadt von Griechenland)
die **Athletin**, die Athleten, der Athlet, athletisch
der **Atlantik**, der Atlantische Ozean
der **Atlas**, die Atlasse [die Atlanten]
atmen, sie atmet, die Atmung
die **Atmosphäre**
das **Atom**, die Atome
das **Attentat**, die Attentate
das **Attest**, die Atteste
die **Attraktion**, die Attraktionen, attraktiv
ätzen, ätzend
auch
auf, auf einmal
aufbauen → bauen
aufbrechen → *brechen,* der Aufbruch
aufeinander
der **Aufenthalt**, die Aufenthalte
auffällig, auffallen
auffassen → fassen, die Auffassung
auffordern → fordern, die Aufforderung
aufführen → führen, die Aufführung
die **Aufgabe**, die Aufgaben

der **Aufgang**, die Aufgänge
aufgeben → *geben*
aufgehen → *gehen*
aufgeregt
aufhalten → *halten*
aufhängen → hängen, der Aufhänger
aufheben → *heben*
aufhören → hören
aufkleben → kleben, der Aufkleber
aufladen → *laden*
auflegen → legen, die Auflage
aufmachen → machen
aufmerksam, die Aufmerksamkeit
die **Aufnahme**, die Aufnahmen, aufnehmen
aufpassen → passen, der Aufpasser
aufräumen, sie räumt auf, aufgeräumt
aufrecht
aufregen → regen, die Aufregung
aufrichtig
der **Aufsatz**, die Aufsätze
aufschieben → *schieben*, der Aufschub

der **Aufschnitt**, aufschneiden
aufschreiben → *schreiben*
die **Aufsicht**, die Aufsichten
aufstehen → *stehen*
aufstellen → stellen, die Aufstellung
der **Auftrag**, die Aufträge
auftreten → *treten*, der Auftritt
aufwachen, sie wacht auf
der **Aufwand**, aufwändig [aufwendig]
aufwärts
aufwecken, er weckt auf
aufwenden → wenden
der **Aufzug**, die Aufzüge
das **Auge**, die Augen, das Augenlid
der **Augenblick**, die Augenblicke, augenblicklich
der **August**
aus
ausbessern, sie bessert aus
ausbilden → bilden, Ausbildung, die Auszubildende
der **Ausblick**, die Ausblicke
die **Ausdauer**, ausdauernd
ausdehnen → dehnen, die Ausdehnung
der **Ausdruck**, die Ausdrücke, ausdrücklich, ausdrücken

A B C D E F G H I J K L M N O P Q R S T U V W X Y Z

auseinander
die Ausfahrt
der Ausflug, die Ausflüge
ausführlich
die Ausgabe, die Ausgaben
der Ausgang, die Ausgänge
ausgeben → *geben*
ausgefallen
ausgehen → *gehen*
ausgerechnet
ausgezeichnet, die Auszeichnung
ausgiebig (reichlich)
ausgießen → *gießen*
der Ausgleich, ausgleichen
der Ausguss, die Ausgüsse
die Auskunft, die Auskünfte
das Ausland, ausländisch, die Ausländer
ausleihen → *leihen*
die Ausnahme, die Ausnahmen, ausnahmsweise
auspacken → packen
ausprobieren → probieren
der Auspuff, die Auspuffe
ausrechnen → rechnen
die Ausrede, die Ausreden
ausreichen, es reicht aus, ausreichend
ausreißen → *reißen*, der Ausreißer
ausrufen → *rufen*, der Ausruf, das Ausrufezeichen
ausruhen → ruhen
die Aussage, die Aussagen, aussagen
ausschlafen → *schlafen*
ausschneiden → *schneiden*
ausschließen → *schließen*
aussehen → *sehen*
außen
außer, außer Acht lassen
außerdem
außergewöhnlich
außerhalb
äußerlich
äußern, er äußert, die Äußerung
außerordentlich
die Aussicht, die Aussichten
aussichtslos
der Aussiedler, die Aussiedler, die Aussiedlerin
die Aussprache, aussprechen, der Ausspruch
die Ausstattung, ausstatten
aussteigen → *steigen*
ausstellen → stellen, die Ausstellung
ausstopfen → stopfen

aussuchen → suchen
die Auster, die Austern
Australien, die Australier, australisch
auswählen → wählen, die Auswahl
auswandern → wandern, die Auswanderin
auswärts
der Ausweg, die Auswege, ausweglos
der Ausweis, die Ausweise, sich ausweisen
die Ausweisung, die Ausweisungen
auswendig
die Auszeichnung, die Auszeichnungen, auszeichnen, ausgezeichnet
ausziehen → *ziehen*
das Auto, die Autos, Auto fahren, die Autobahn
das Autogramm, die Autogramme
der Automat, die Automaten
automatisch
die Autorin, die Autoren, der Autor
die Autorität, die Autoritäten
die Avocado, die Avocados
die Axt, die Äxte

B

das Baby, die Babys, der Babysitter
der Bach, die Bäche
die Backe, die Backen
backen, er backt [bäckt], ich backte [buk], sie hat gebacken, der Bäcker, die Bäckerei
das Bad, die Bäder, die Badewanne
baden, er badet
Baden-Württemberg, die Baden-Württemberger, baden-württembergisch
das Badminton (Federballspiel)
der Bagger, die Bagger, baggern
das [die] Baguette (Stangenweißbrot), die Baguettes
die Bahn, die Bahnen, der Bahnhof, der Bahnsteig
die Bahre, die Bahren
die Bakterie, die Bakterien
balancieren, sie balanciert, die Balance
bald, möglichst bald, baldig
sich balgen, die Balgerei
der Balken, die Balken

A B C D E F G H I J K L M N O P Q R S T U V W X Y Z

der **Balkon**, die Balkons [Balkone]
der **Ball**, die Bälle, sie spielt Ball
der **Ballast**, die Ballaste
ballen, sie ballt die Hand
das **Ballett**, die Ballette
der **Ballon**, die Ballons [Ballone]
der **Bambus**, die Bambusse
die **Banane**, die Bananen
das **Band**, die Bänder, das Stirnband
der **Band** (Buch), die Bände
die **Band** (Musikgruppe), die Bands
bandagieren, er bandagiert, die Bandage
die **Bande**, die Banden
bändigen, sie bändigt
der **Bandit**, die Banditen
bange, ihm ist bange
die **Bank** (Sitzbank), die Bänke
die **Bank** (Geldbank), die Banken
bar, bar bezahlen, das Bargeld
der **Bär**, die Bären
die **Baracke**, die Baracken
barfuß, barfuß gehen
barmherzig, die Barmherzigkeit
das **Barometer**, die Barometer
der **Barren**, die Barren
der **Bart**, die Bärte, bärtig, der Schnurrbart
der **Basar** [Bazar], die Basare, der Weihnachtsbasar
die **Base**, die Basen
der **Basketball**, die Basketbälle, Basketball spielen
der **Bass**, die Bässe, der Kontrabass
der **Bast**, die Baste
basteln, sie bastelt, die Bastelei
die [der] **Batik**, die Batiken, batiken
die **Batterie**, die Batterien
der **Bau**, die Bauten, die Baustelle
der **Bauch**, die Bäuche, bauchig, das Bauchweh
bauen, sie baut
der **Bauer** (Landwirt), die Bauern, die Bäuerin, der Bauernhof
der **Baum**, die Bäume
baumeln, es baumelt
Bayern, die Bayern, bayerisch [bayrisch]
der **Bazillus** (Krankheitserreger), die Bazillen
beachten → achten, beachtlich
der **Beamer**, die Beamer
der **Beamte**, die Beamten, die Beamtin
beantragen, er beantragt
beantworten → antworten
beaufsichtigen,

er beaufsichtigt
beben, es bebt, das Erdbeben
der **Becher**, die Becher
das **Becken**, die Becken
bedächtig
sich **bedanken**, sie bedankt sich
der **Bedarf**, die Bedarfe
bedauern, er bedauert, bedauerlich
bedecken, sie bedeckt
bedenken → *denken*, die Bedenken
bedeuten, es bedeutet, bedeutend, die Bedeutung
bedienen, er bedient, die Bedienung
die **Bedingung**, die Bedingungen
bedrohen, er bedroht, bedrohlich, die Bedrohung
das **Bedürfnis**, die Bedürfnisse, bedürftig
sich **beeilen**, er beeilt sich
beeindrucken, sie beeindruckt, beeindruckend
beeinflussen, er beeinflusst, die Beeinflussung
beenden, sie beendet, beendigen
beerdigen, er beerdigt, die Beerdigung
die **Beere**, die Beeren
das **Beet**, die Beete
befehlen, sie befiehlt, er befahl, sie hat befohlen, der Befehl
befestigen, er befestigt, die Befestigung
befinden → *finden*
befreien, er befreit, die Befreiung
befriedigend, die Befriedigung
befruchten, er befruchtet, die Befruchtung
befürchten → fürchten, die Befürchtung
begabt, die Begabung
sich **begeben** → *geben*
begegnen, sie begegnet, die Begegnung
begeistern, sie begeistert, die Begeisterung
begierig, die Begierde
begießen → *gießen*
der **Beginn**
beginnen, er beginnt, ich begann, sie hat begonnen
begleiten, sie begleitet, die Begleitung
beglückwünschen → wünschen

A B C D E F G H I J K L M N O P Q R S T U V W X Y Z

be|gra|ben → *graben*
das **Be|gräb|nis**, die Begräbnisse
be|grei|fen → *greifen*, der Begriff
be|grün|den → gründen, die Begründung
be|grü|ßen → grüßen, die Begrüßung
be|hag|lich
be|hal|ten → *halten*, der Behälter
be|han|deln → handeln, die Behandlung
be|harr|lich
be|haup|ten, er behauptet, die Behauptung
be|he|ben → *heben*
be|herr|schen → herrschen
be|herzt
be|hilf|lich
be|hin|dern, sie behindert
be|hin|dert, die Behinderten, die Behinderung
die **Be|hör|de**, die Behörden
be|hü|ten → hüten
be|hut|sam
bei
beich|ten, sie beichtet, die Beichte
bei|de
bei|ei|n|an|der
der **Bei|fah|rer**, die Beifahrer, die Beifahrerin
der **Bei|fall**
beige (sandfarben)
das **Beil**, die Beile
die **Bei|la|ge**, die Beilagen
das **Bei|leid**
beim (bei dem)
das **Bein**, die Beine
bei|na|he
bei|sam|men
das **Bei|spiel**, die Beispiele, zum Beispiel [z.B.]
bei|ßen, sie beißt, ich biss, er hat gebissen, der Biss
der **Bei|trag**, die Beiträge, beitragen
be|ja|hen, sie bejaht
be|kannt, die Bekannten, die Bekanntschaft, bekanntlich
die **Be|klei|dung**
be|kom|men → *kommen*
der **Be|lag**, die Beläge
be|las|ten, er belastet, die Belastung
be|läs|ti|gen, er belästigt, die Belästigung
be|le|gen → legen
be|lei|di|gen, sie beleidigt, die Beleidigung

beleuchten → leuchten, die Beleuchtung
Belgien, die Belgier, belgisch
Belgrad (Hauptstadt von Serbien)
beliebig
beliebt, die Beliebtheit
bellen, er bellt, das Gebell
belohnen, sie belohnt, die Belohnung
bemerken → merken, die Bemerkung
sich bemühen, er bemüht sich, die Bemühung
benachrichtigen, sie benachrichtigt
sich benehmen → *nehmen*, das Benehmen
beneiden, sie beneidet
der Bengel, die Bengel
benoten, er benotet
benötigen, er benötigt
benutzen, sie benutzt, die Benutzung
das Benzin
beobachten, sie beobachtet, die Beobachtung
bequem, die Bequemlichkeit
beraten → *raten*, die Beratung, die Berater

berechnen → rechnen
berechtigt, berechtigen, die Berechtigung
der Bereich, die Bereiche
bereit, die Bereitschaft
bereiten, sie bereitet
bereits
bereuen, er bereut es
der Berg, die Berge, bergig, bergauf, bergsteigen
bergen, er birgt, ich barg, sie hat geborgen
der Bericht, die Berichte
berichten, sie berichtet
berichtigen, er berichtigt, die Berichtigung
Berlin (Hauptstadt von Deutschland), die Berliner, berlinerisch
Bern (Hauptstadt der Schweiz)
berüchtigt
berücksichtigen, er berücksichtigt, die Berücksichtigung
der Beruf, die Berufe, berufstätig, beruflich
beruhigen, sie beruhigt, die Beruhigung
berühmt, die Berühmtheit
berühren, er berührt, die Berührung

A B C D E F G H I J K L M N O P Q R S T U V W X Y Z

be|schä|di|gen, er beschädigt, die Beschädigung
die **Be|schaf|fen|heit**
be|schäf|ti|gen, sie beschäftigt, die Beschäftigung
der **Be|scheid**, die Bescheide, ich weiß Bescheid
die **Be|schei|den|heit**, bescheiden sein
die **Be|schei|ni|gung**, die Bescheinigungen, bescheinigen
be|sche|ren, er beschert, die Bescherung
be|schleu|ni|gen, sie beschleunigt, die Beschleunigung
be|schlie|ßen → *schließen*
der **Be|schluss**, die Beschlüsse
be|schmut|zen, sie beschmutzt
be|schrei|ben → *schreiben*, die Beschreibung
be|schul|di|gen, er beschuldigt, die Beschuldigung
be|schüt|zen → schützen, der Schutz
sich **be|schwe|ren**, er beschwert sich, die Beschwerde
be|sei|ti|gen, er beseitigt, die Beseitigung
der **Be|sen**, die Besen
be|set|zen, sie besetzt, die Besetzung, die Besatzung
be|sich|ti|gen, sie besichtigt, die Besichtigung
be|sie|gen → siegen, die Besiegten
die **Be|sin|nung**, sich besinnen, besinnungslos
be|sit|zen, sie besitzt, ich besaß, er hat besessen, der Besitz, die Besitzer
be|son|ders, die Besonderheit
be|sor|gen, er besorgt, die Besorgung
be|spre|chen → *sprechen*, die Besprechung
bes|ser → gut
be|stä|ti|gen, er bestätigt, die Bestätigung
be|stäu|ben, sie bestäubt
bes|te, am besten, die beste Antwort
be|ste|chen → *stechen*, die Bestechung
das **Be|steck**, die Bestecke
be|ste|hen → *stehen*
be|stel|len, sie bestellt, die Bestellung
die **Bes|tie**, die Bestien

bestimmen, er bestimmt, die Bestimmung
bestrafen, sie bestraft, die Bestrafung
die Bestrahlung, bestrahlen
bestreiten → *streiten*
der Besuch, die Besuche, die Besucher
besuchen, er besucht
betäuben, sie betäubt, die Betäubung
beteiligen, sie beteiligt, die Beteiligung
beten, er betet, das Gebet
der Beton, betonieren
betonen, sie betont, die Betonung
betrachten, er betrachtet, die Betrachtung
der Betrag, die Beträge, betragen
betreuen, er betreut, die Betreuung
der Betrieb, die Betriebe
betrüben, es betrübt mich
der Betrug, die Betrüger
betrügen, sie betrügt, ich betrog, er hat betrogen
betrunken, der Betrunkene
das Bett, die Betten
betteln, er bettelt, die Bettler

beugen, er beugt
die Beule, die Beulen
beurteilen, sie beurteilt, die Beurteilung
die Beute, erbeuten
der Beutel, die Beutel
die Bevölkerung, bevölkert
bevor
bevorzugen, er bevorzugt
sich bewähren, er bewährt sich, die Bewährung
bewässern, sie bewässert, die Bewässerung
bewegen, er bewegt, die Bewegung
beweglich, bewegt
der Beweis, die Beweise, beweisen
sich bewerben → *werben*, die Bewerbung
bewohnen → wohnen, die Bewohner
bewölkt, die Bewölkung
bewundern, sie bewundert, die Bewunderung
bewusst, bewusstlos, das Bewusstsein
bezahlen, sie bezahlt, die Bezahlung
die Bezeichnung, bezeichnen
beziehen → *ziehen*

die **Beziehung**, die Beziehungen
beziehungsweise [bzw.]
der **Bezirk**, die Bezirke
der **Bezug**, die Bezüge
bezüglich
die **Bibel**, die Bibeln
der **Biber**, die Biber
die **Bibliothek**, die Bibliotheken, die Bibliothekarin, der Bibliothekar
biegen, er biegt, ich bog, sie hat gebogen, biegsam
die **Biegung**, die Biegungen
die **Biene**, die Bienen
das **Bier**, die Biere
das **Biest**, die Biester
bieten, sie bietet, ich bot, er hat geboten
der **Bikini**, die Bikinis
das **Bild**, die Bilder
bilden, er bildet
die **Bildung**
billig
ich **bin** → *sein*
die **Binde**, die Binden
binden, sie bindet, ich band, er hat gebunden, der Bindestrich
die **Bindung**, die Bindungen
die **Biografie** [Biographie], die Biografien
die **Biologie**
der [das] **Biotop**, die Biotope
die **Birke**, die Birken
die **Birne**, die Birnen, der Birnbaum
bis, bis Köln, bis morgen
der **Bischof**, die Bischöfe, die Bischöfin
bisher
der **Biss**, die Bisse, bissig
bisschen, ein bisschen
du **bist** → *sein*
das **Bit** (Informationseinheit bei Computern), die Bits [Bit]
die **Bitte**, die Bitten
bitten, sie bittet, ich bat, er hat gebeten
bitter, die Bitterkeit
blähen, es bläht
blamieren, er blamiert, die Blamage
blank
blanko (leer, nicht ausgefüllt)
die **Blase**, die Blasen, das Bläschen
blasen, sie bläst, ich blies, er hat geblasen
blass, blasser [blässer], am blassesten [blässesten], die Blässe

das **Blatt**, die Blätter, blättern
blau, bläulich
das **Blech**, die Bleche, blechern
das **Blei**, die Bleie, bleiern
bleiben, er bleibt, ich blieb, sie ist geblieben
bleich
der **Bleistift**, die Bleistifte
blenden, er blendet, die Blendung
der **Blick**, die Blicke
blicken, sie blickt
blind, der Blinde
der **Blinddarm**
blinken, er blinkt
der **Blinker**, die Blinker
blinzeln, ich blinzele [blinzle], sie blinzelt
der **Blitz**, die Blitze, blitzen
der **Block**, die Blöcke [Blocks]
die **Blockade**, die Blockaden, blockieren
die **Blockflöte**, die Blockflöten
blöd [blöde], der Blödsinn
blöken, das Schaf blökt
blond
bloß
blubbern, es blubbert
blühen, es blüht
die **Blume**, die Blumen
der **Blumenkohl**
die **Bluse**, die Blusen
die **Blüte**, die Blüten
bluten, er blutet
das **Blut**, blutig
die **Bö** [Böe] (Windstoß), die Böen, böig
der **Bob** (Rennschlitten), die Bobs
der **Bock**, die Böcke, bockig
der **Boden**, die Böden
der **Bogen**, die Bogen [Bögen]
die **Bohne**, die Bohnen
bohren, er bohrt
der **Bohrer**, die Bohrer
der **Boiler**, die Boiler (Warmwasserbereiter)
die **Boje**, die Bojen
bolzen, sie bolzt, der Bolzplatz
die **Bombe**, die Bomben, bombardieren
der **Bon** (Gutschein, Kassenzettel), die Bons
der [das] **Bonbon**, die Bonbons
das **Boot**, die Boote
der **Bord**, die Borde, an Bord gehen, der Bordstein
borgen, er borgt
die **Börse**, die Börsen
die **Borste**, die Borsten, borstig
böse, böswillig, boshaft

die **Böschung**, die Böschungen
Bosnien-Herzegowina
der **Boss**, die Bosse
der **Bote**, die Boten, die Botin
die **Botschaft**, die Botschaften
die **Boutique** (kleiner Laden), die Boutiquen
das **Bowling** (Kegelspiel), die Bowlings
boxen, sie boxt, die Boxer
der **Brand**, die Brände
Brandenburg, die Brandenburger, brandenburgisch
die **Brandung**, die Brandungen
braten, er brät, ich briet, sie hat gebraten
der **Braten**, die Braten
Bratislava (Hauptstadt der Slowakei)
der **Brauch**, die Bräuche
brauchen, sie braucht
brauen, er braut, die Brauerei
braun, bräunlich, bräunen
die **Brause**, die Brausen
brausen, er braust
die **Braut**, die Bräute
der **Bräutigam**, die Bräutigame
brav
bravo!
brechen, sie bricht, ich brach, er hat gebrochen
der **Brei**, die Breie, breiig
breit, die Breite
Bremen, die Bremer, bremisch
die **Bremse**, die Bremsen
bremsen, er bremst
brennen, es brennt, es brannte, es hat gebrannt
brennend
die **Brennnessel** [Brenn-Nessel], die Brennnesseln
brenzlig
das **Brett**, die Bretter
die **Brezel**, die Brezeln
der **Brief**, die Briefe, brieflich, die Briefmarke
das **Brikett**, die Briketts
der **Brillant**, die Brillanten
die **Brille**, die Brillen, das Brillenetui
bringen, er bringt, ich brachte, ich habe gebracht
brisant (sehr aktuell, hoch explosiv), brisanter, am brisantesten
die **Brise** (Wind), die Brisen
der **Brocken**, die Brocken, bröckeln, bröckelig [bröcklig]
brodeln, es brodelt
der **Brokkoli** [Broccoli]
die **Brombeere**, die Brombeeren
die **Bronchitis**, die Bronchien
die **Bronze**, die Bronzemedaille

die **Brosche**, die Broschen
die **Broschüre** (leichtes Heft), die Broschüren
das **Brot**, die Brote
das **Brötchen**, die Brötchen
der **Bruch**, die Brüche, brüchig
die **Brücke**, die Brücken
der **Bruder**, die Brüder, brüderlich
die **Brühe**, die Brühen, brühen, verbrühen
brüllen, er brüllt, das Gebrüll
brummen, er brummt, der Brummer, brummig
brünett (braunhaarig)
der **Brunnen**, die Brunnen
Brüssel (Hauptstadt von Belgien)
die **Brust**, die Brüste
sich **brüsten**, sie brüstet sich
brutal, die Brutalität
brüten, sie brütet, die Brut
brutto
brutzeln (braten), es brutzelt
der **Bub**, die Buben
das **Buch**, die Bücher
die **Buche**, die Buchen, die Buchecker
die **Bücherei**, die Büchereien
die **Büchse**, die Büchsen
der **Buchstabe**, die Buchstaben, buchstabieren

die **Bucht**, die Buchten
der **Buckel**, die Buckel, buckelig [bucklig]
sich **bücken**, sie bückt sich
Budapest (Hauptstadt von Ungarn)
buddeln, er buddelt
der **Buddhismus**, buddhistisch
die **Bude**, die Buden
der **Büffel**, die Büffel
das **Büfett** [Buffet], die Büfetts, kaltes Büfett
der **Bügel**, die Bügel
bügeln, er bügelt
die **Bühne**, die Bühnen
Bukarest (Hauptstadt von Rumänien)
Bulgarien, die Bulgaren, bulgarisch
der **Bulle**, die Bullen
der **Bumerang**, die Bumerangs [Bumerange]
bummeln, sie bummelt, der Bummel
der **Bund** (Vereinigung), die Bünde, Geheimbund
das **Bund** (Gebundenes), die Bunde, ein Bund Blumen, Vergleich: → bunt
das **Bündel**, die Bündel, bündeln
die **Bundeskanzlerin**, der Bundeskanzler

A B C D E F G H I J K L M N O P Q R S T U V W X Y Z

die **Bundesliga**
der **Bundespräsident**, die Bundespräsidentin
die **Bundesregierung**, die Bundesregierungen
die **Bundesrepublik**
die **Bundeswehr**
das **Bündnis**, die Bündnisse, verbündet
der **Bunker**, die Bunker
bunt, bunter, am buntesten, Vergleich: → Bund
die **Burg**, die Burgen
bürgen, sie bürgt, der Bürge
der **Bürger**, die Bürger, die Bürgerin, die Bürgermeisterin, der Bürgersteig
das **Büro**, die Büros
der **Bursche**, die Burschen
die **Bürste**, die Bürsten
bürsten, sie bürstet
der **Bus**, die Busse
der **Busch**, die Büsche, buschig
das **Büschel**, die Büschel
der **Busen**, die Busen
der **Bussard**, die Bussarde
büßen, er büßt, die Buße
die **Butter**, butterweich
der **Button**, die Buttons
das **Byte** (8 Bits), die Bytes [Byte]

C

das **Cabrio** [Kabrio], die Cabrios
das **Café**, die Cafés, die Cafeteria, Vergleich: → Kaffee
das **Camping**, campen, der Campingplatz
die **CD**, die CDs
der **CD-Player**, die CD-Player
die **CD-ROM**, die CD-ROMs
das **Cello**, die Cellos [Celli]
Celsius, 18 Grad Celsius [18 °C]
der **Cent** [ct], 5 Cent
das **Chamäleon** (Echse), die Chamäleons
der **Champignon** (Pilz), die Champignons
der **Champion** (Gewinner), die Champions, die Champions League
die **Chance**, die Chancen
das **Chaos**, chaotisch
der **Charakter**, die Charaktere, charakteristisch
der **Charterflug**, die Charterflüge
chatten, sie chattet, der Chat
der **Chauffeur**, die Chauffeure

checken, er checkt,
die Checkliste
die Chefin, die Chefs, der Chef
die Chemie, chemisch
der Chili, die Chilis, das Chilipulver
China, die Chinesen,
chinesisch
der Chip, die Chips
der Chirurg, die Chirurgen
das Chlor
der Chor, die Chöre
der Christ, die Christen, christlich,
Christus
das Chrom, verchromt
circa [zirka, ca.] (ungefähr)
die City (Innenstadt), die Citys
clever (klug)
die Clique (Freundeskreis),
die Cliquen
der Clown, die Clowns
das Cockpit, die Cockpits
die [das] Cola, die Colas
die Collage (geklebtes Bild),
die Collagen
der Comic, die Comics
der Computer, die Computer
der Container, die Container
cool
die Couch (Sofa),
die Couchs [Couchen]
der Cousin (Vetter), die Cousins
die Cousine [Kusine] (Base),
die Cousinen
der Cowboy, die Cowboys
die Creme [Crème], die Cremes,
cremen
das Croissant (Blätterteighörnchen),
die Croissants
der [das] Curry (Gewürz)
der Cursor

D

da
dabei
das Dach, die Dächer
der Dachs, die Dachse
der Dackel, die Dackel
dadurch
dafür
dagegen
daheim
daher
dahin
dahinter
damals
die Dame, die Damen

A B C D E F G H I J K L M N O P Q R S T U V W X Y Z

damit
dämlich, die Dämlichkeit
der Damm, die Dämme
dämmen, eindämmen
die Dämmerung, dämmern, dämmerig [dämmrig]
der Dampf, die Dämpfe, dämpfen, dampfen
der Dampfer, die Dampfer
danach
daneben
Dänemark, die Dänen, dänisch
danken, er dankt, der Dank, danke schön, dankbar, die Dankbarkeit
dann
daran [dran]
darauf [drauf]
daraus [draus]
darein [drein], dareinreden
darin [drin]
der Darm, die Därme
darstellen, sie stellt dar, die Darstellung, die Darstellerin
darüber [drüber]
darum [drum]
darunter [drunter]
das (der, die, das), das Haus, Vergleich: → dass

dasjenige, diejenige
dass, ich glaube, dass ..., Vergleich: → das
dasselbe
der Dativ (3. Fall, Wemfall)
die Dattel, die Datteln
das Datum, die Daten
die Dauer
dauern, es dauert
dauernd, dauerhaft
der Daumen, die Daumen
davon
davor
dazu
dazwischen
das Deck, die Decks [Decke]
die Decke, die Decken
der Deckel, die Deckel
decken, er deckt, bedecken, die Deckung
defekt (fehlerhaft)
der Defekt, die Defekte
deftig
dehnen, sie dehnt, die Dehnung, Vergleich: → denen
der Deich, die Deiche
die Deichsel, die Deichseln
dein, deine, deiner
deinetwegen

dekorieren, er dekoriert, die Dekoration
der Delfin [Delphin], die Delfine
die Delikatesse, die Delikatessen
die Delle, die Dellen
dem, in dem Haus
demnach
demnächst
die Demokratie, die Demokratien, demokratisch
demonstrieren, demonstriert, die Demonstration
die Demut, demütig
den, sie hat den Ball, Vergleich: → denn
denen, Bälle, mit denen wir werfen, Vergleich: → dehnen
denken, er denkt, ich dachte, sie hat gedacht, denkbar
das Denkmal, die Denkmäler [Denkmale]
denn, mehr denn je, Vergleich: → den
dennoch
das Deo, die Deos, das Deodorant
die Deponie, die Deponien
der Depp, die Deppen
der (der, die, das), der Mond
derartig
derb
deren
derjenige, dasjenige
dermaßen
derselbe, dasselbe
derzeit, derzeitig
des
deshalb
das Design, die Designs, die Designerin, der Designer
dessen
das Dessert, die Desserts
desto
deswegen
das Detail, die Details
der Detektiv, die Detektive, die Detektivin
deuten, sie deutet
deutlich, die Deutlichkeit
deutsch, deutsche Sprache, auf Deutsch
Deutschland, die Deutschen
der Dezember
der [das] Dezimeter [dm], die Dezimeter
das Dia, die Dias
der Diabetes (Krankheit), der Diabetiker
die Diagnose, die Diagnosen, diagnostizieren

A B C D E F G H I J K L M N O P Q R S T U V W X Y Z

das **Diagramm**, die Diagramme
der **Dialekt**, die Dialekte
der **Diamant**, die Diamanten
die **Diät**, die Diäten
dich
dicht, die Dichte
dichten, er dichtet, die Dichterin, die Dichtung
dick
das **Dickicht**, die Dickichte
die (der, die, das), die Katze
der **Dieb**, die Diebe, der Diebstahl
diejenige, derjenige
die **Diele**, die Dielen
dienen, sie dient
der **Diener**, die Diener
der **Dienst**, die Dienste, dienstlich
der **Dienstag**, die Dienstage, Dienstagabend, dienstags
dies, diese, dieser, dieses
der **Diesel**
dieselbe
diesem, diesen
diesig
diesmal, dieses Mal
die **Differenz**, die Differenzen
digital, die Digitalkamera
das **Diktat**, die Diktate
diktieren, er diktiert
der **Dill** (Gewürzpflanze)
das **Ding**, die Dinge
der **Dinosaurier**, die Dinosaurier
das **Diplom**, die Diplome
dir
direkt
die **Direktorin**, die Direktorinnen, der Direktor, die Direktoren
die **Dirigentin**, die Dirigenten, der Dirigent, dirigieren
das **Dirndl**, die Dirndl
die **Diskette**, die Disketten
die **Diskothek** [Disco, Disko], die Diskotheken, der Discjockey
die **Diskussion**, die Diskussionen
diskutieren, sie diskutiert
das **Display**, die Displays
disqualifizieren, er disqualifiziert, die Disqualifikation
die **Distanz**, die Distanzen
die **Distel**, die Disteln
die **Disziplin**, diszipliniert
dividieren, sie dividiert, die Division
doch
der **Docht**, die Dochte
die **Dogge**, die Doggen
der **Doktor** [Dr.], die Doktoren, die Doktorin
das **Dokument**, die Dokumente

der **Dolch**, die Dolche
der **Dollar**, die Dollars
die **Dolmetscherin**, die Dolmetscher, der Dolmetscher
der **Dom**, die Dome
dominant, dominanter, am dominantesten
das **Domino**, die Dominos
der **Dompteur** (Tierbändiger), die Dompteure, die Dompteurin
die **Donau** (Fluss)
der **Döner** [Dönerkebab], die Döner
der **Donner**
donnern, es donnert
der **Donnerstag**, die Donnerstage, donnerstags
doof, die Doofheit
das **Doping**, dopen
doppelt, das Doppelte
das **Dorf**, die Dörfer, dörflich
der **Dorn**, die Dornen, dornig
dort, dorthin
die **Dose**, die Dosen
dösen, sie döst
der [das] **Dotter**, die Dotter
der **Drache** (Fabeltier), die Drachen
der **Drachen** (Fluggerät), die Drachen
der **Draht**, die Drähte, drahtig
das **Drama**, die Dramen, dramatisch

dran [daran]
drängeln, er drängelt
drängen, sie drängt
draußen
dreckig, der Dreck
drehen, er dreht, der Dreher, die Drehung
drei, dreizehn, dreißig, dreihundert, dreifach, dreimal, die Dreiviertelstunde
das **Dreieck**, die Dreiecke, dreieckig
dreschen, sie drischt, ich drosch, er hat gedroschen
Dresden
dressieren, er dressiert, die Dressur
das **Dressing**, die Dressings
dribbeln, sie dribbelt, das Dribbling
driften, er driftet
der **Drilling**, die Drillinge
drin [darin]
dringen, er dringt darauf, ich drang darauf, sie hat darauf gedrungen
dringend
drinnen
drittens, zum dritten Mal, ein Drittel, zu dritt, jeder Dritte

A B C D E F G H I J K L M N O P Q R S T U V W X Y Z

die **Droge**, die Drogen
die **Drogerie**, die Drogerien, der Drogist, die Drogistin
drohen, sie droht, drohend, die Drohung
dröhnen, es dröhnt, dröhnend
drollig
das **Dromedar**, die Dromedare
der [das] **Drops** (Bonbon), die Drops
die **Drossel**, die Drosseln
drüben
drüber [darüber]
der **Druck**, die Drucke, der Drucker, die Druckerei, drucken
drücken, sie drückt, der Druckknopf
drunter [darunter], drunter und drüber
die **Drüse**, die Drüsen
der **Dschungel**
du
der **Dübel**, die Dübel
Dublin (Hauptstadt von Irland)
sich **ducken**, er duckt sich
das **Duell**, die Duelle
der **Duft**, die Düfte, duften, duftig
dulden, sie duldet, duldsam
dumm, dümmer, am am dümmsten, dümmlich, die Dummheit
dumpf
die **Düne**, die Dünen
der **Dünger**, düngen, der Dung
dunkel, dunkelrot, die Dunkelheit
dünn
der **Dunst**, die Dünste, verdunsten
das **Dur** (Tonart), C-Dur
durch, durchaus
der **Durchblick**, durchblicken
die **Durchblutung**, durchblutet
durcheinander, das Durcheinander
der **Durchfall**, die Durchfälle
durchführen → führen, die Durchführung
der **Durchgang**, die Durchgänge
durchhalten → *halten*
durchlässig
der **Durchmesser**, die Durchmesser
durchqueren, er durchquert
der **Durchschnitt**, durchschnittlich
durchsetzen, er setzt durch
durchsichtig, die Durchsicht
durchsuchen → suchen, die Durchsuchung
dürfen, er darf, ich durfte, sie hat gedurft
dürftig
dürr, die Dürre

der **Durst**, durstig
duschen, sie duscht, die Dusche
die **Düse**, die Düsen, düsen
Düsseldorf
düster [duster]
das **Dutzend** (12 Stück), Dutzende [dutzende]
duzen, du duzt ihn
die **DVD**, die DVDs, der DVD-Player
dynamisch, die Dynamik
das **Dynamit**
der **Dynamo**, die Dynamos
der **D-Zug**, die D-Züge

E

die **Ebbe**, Ebbe und Flut
eben
die **Ebene**, die Ebenen
ebenfalls
ebenso
der **Eber**, die Eber
ebnen, er ebnet
das **E-Book**, die E-Books
das **Echo**, die Echos
echt, die Echtheit
die **Ecke**, die Ecken, eckig
edel, veredeln
die **EDV** (elektronische Datenverarbeitung)
der **Efeu**
der **Effekt**, die Effekte
egal (gleichgültig)
die **Egge**, die Eggen, eggen
egoistisch, der Egoismus, die Egoistin, der Egoist
ehe, eher, am ehesten
die **Ehe**, die Ehen, das Ehepaar
die **Ehre**, die Ehren, die Siegerehrung, ehren, Vergleich: → Ähre
der **Ehrgeiz**, ehrgeizig
ehrlich, die Ehrlichkeit
das **Ei**, die Eier, eiförmig
die **Eiche**, die Eichen
die **Eichel**, die Eicheln
das **Eichhörnchen**, die Eichhörnchen
der **Eid** (Schwur), die Eide
die **Eidechse**, die Eidechsen
der **Eifer**, eifrig, eifersüchtig
eigen, eigenartig, die Eigenart, die Eigenschaft
der **Eigensinn**, eigensinnig
eigentlich
das **Eigentor**, die Eigentore
das **Eigentum**, die Eigentümer

A B C D E F G H I J K L M N O P Q R S T U V W X Y Z

A B C D E F G H I J K L M N O P Q R S T U V W X Y Z

sich **eig|nen**, geeignet
ei|len, er eilt, eilig, die Eile
der **Ei|mer**, die Eimer
ein, eine, einer, eines
ei|n|an|der
die **Ein|bahn|stra|ße**, die Einbahnstraßen
der **Ein|band**, die Einbände, einbinden
die **Ein|bil|dung**, die Einbildungen, sich etwas einbilden, eingebildet
ein|bre|chen → *brechen*, der Einbrecher, der Einbruch
ein|deu|tig
ein|drin|gen → *dringen*
ein|dring|lich
der **Ein|druck**, die Eindrücke, eindrucksvoll
ein|ei|ig, eineiige Zwillinge
ein|ein|halb [anderthalb]
ei|ner|lei
ein|fach, die Einfachheit
ein|fä|deln, sie fädelt ein
die **Ein|fahrt**, die Einfahrten
der **Ein|fall**, die Einfälle, einfallsreich
ein|fal|len → *fallen*
ein|fäl|tig
der **Ein|fluss**, die Einflüsse
die **Ein|füh|rung**, die Einführungen, einführen
der **Ein|gang**, die Eingänge
ein|ge|bil|det
die **Ein|ge|wei|de**
ein|gie|ßen → *gießen*
ein|hef|ten, er heftet ein
ein|hei|misch, die Einheimischen
die **Ein|heit**, die Einheiten
ein|heit|lich
ei|nig, die Einigkeit
ei|ni|ge, einigermaßen
sich **ei|ni|gen**, er einigt sich, die Einigung
der **Ein|kauf**, die Einkäufe, einkaufen
das **Ein|kom|men**, die Einkommen
ein|la|den, sie lädt ein, ich lud ein, er hat eingeladen, die Einladung, einladend
der **Ein|lass**, die Einlässe
ein|las|sen → *lassen*
die **Ein|lei|tung**, die Einleitungen
ein|mal, einmalig
das **Ein|mal|eins**
die **Ein|nah|me**, die Einnahmen
ein|neh|men → *nehmen*
ein|pa|cken → packen
ein|prä|gen → prägen, einprägsam

die **Einrichtung**, die Einrichtungen, einrichten
eins
einsam, die Einsamkeit
der **Einsatz**, die Einsätze
einschenken, er schenkt ein
einschlafen → *schlafen*
einschließen → *schließen*, eingeschlossen
einschließlich
einschulen, er wird eingeschult, die Einschulung
einseitig
die **Einsicht**, die Einsichten, einsichtig, einsehen
einsperren, sie sperrt ein
einst, einstmals
einsteigen → *steigen*
einstimmig
der **Einsturz**, die Einstürze, einstürzen
die **Einteilung**, die Einteilungen, einteilen
die **Eintracht**, einträchtig
eintreten → *treten*, der Eintritt
einverstanden, das Einverständnis
der **Einwand**, die Einwände, einwandfrei
der **Einwanderer**, die Einwanderer, die Einwanderin
einwechseln → wechseln
die **Einwohnerin**, die Einwohner, der Einwohner
die **Einzahl**
einzeln, die Einzelheit
einziehen → *ziehen*, der Einzug
einzig, einzige, einzigartig
das **Eis**, eisig, eiskalt
das **Eisen**, die Eisen, die Eisenbahn, eisern
eitel, die Eitelkeit
der **Eiter**, eitern, eitrig
ekeln, er ekelt sich, ich ekele [ekle] mich, der Ekel, ekelig [eklig], ekelhaft
elastisch, die Elastizität
die **Elbe** (Fluss)
der **Elch**, die Elche
der **Elefant**, die Elefanten
elegant, die Eleganz
elektrisch, der Elektriker, die Elektrizität, die Elektronik
das **Element**, die Elemente
das **Elend**, elend sein, elendig
elf, elfmal, der Elfte, der Elfmeter
die **Elfe**, die Elfen, der Elf

der **Ellbogen** [Ellenbogen], die Ellbogen
die **Elster**, die Elstern
die **Eltern**
die [das] **E-Mail**, die E-Mails, die E-Mail-Adresse
die **Emanzipation**, die Emanzipationen
das **Emblem**, die Embleme
der **Embryo**, die Embryos
emigrieren, er emigriert, die Emigration
empfangen, sie empfängt, ich empfing, er hat empfangen, der Empfang, die Empfänger
empfehlen, er empfiehlt, ich empfahl, sie hat empfohlen, die Empfehlung
empfinden, sie empfindet, ich empfand, er hat empfunden, empfindlich, die Empfindung
empor, die Empore
sich **empören**, sie empört sich, empörend
emsig
das **Ende**, die Enden, am Ende, beenden, endlos, endgültig, endlich
die **Energie**, die Energien, energisch
eng, die Enge
der **Engel**, die Engel
England, die Engländer, englisch
die **Enkelin**, die Enkelinnen, der Enkel, die Enkel
enorm
entbehren, er entbehrt, die Entbehrung
die **Entbindung**, die Entbindungen, entbinden
entdecken, sie entdeckt, die Entdeckung
die **Ente**, die Enten
entfernen, er entfernt, die Entfernung, entfernt
entführen, sie entführt, die Entführung
entgegen
entgegnen, er entgegnet
entgleisen, sie entgleist
enthalten → *halten*, die Enthaltung
entkommen → *kommen*
entlang
entlassen → *lassen*
entlaufen → *laufen*
sich **entrüsten**, er entrüstet sich, die Entrüstung

die **Entschädigung**, die Entschädigungen
entscheiden, sie entscheidet, ich entschied, er hat entschieden, die Entscheidung
sich **entschließen**, er entschließt sich, ich entschloss mich, sie hat sich entschlossen, der Entschluss
entschlüsseln, sie entschlüsselt
entschuldigen, sie entschuldigt, die Entschuldigung
das **Entsetzen**, entsetzlich
entspannen, er entspannt sich, die Entspannung
entsprechen → *sprechen*
entsprechend
entstehen → *stehen*, die Entstehung
enttäuschen, sie enttäuscht, die Enttäuschung, enttäuschend
entweder ... oder ...
entwerfen, er entwirft, ich entwarf, sie hat entworfen, der Entwurf
entwerten, sie entwertet
entwickeln, er entwickelt, die Entwicklung
entziehen → *ziehen*
entziffern, sie entziffert
entzückend, das Entzücken
entzünden, er entzündet, die Entzündung
entzwei
er, sie, es
erarbeiten, sie erarbeitet
das **Erbarmen**, erbärmlich, sich erbarmen
erben, er erbt, die Erbin, das Erbe
erbeuten, sie erbeutet
erblicken, sie erblickt
erbost
die **Erbse**, die Erbsen
das **Erdbeben**, die Erdbeben
die **Erdbeere**, die Erdbeeren
die **Erde**, das Erdöl, das Erdgeschoss
das **Ereignis**, die Ereignisse, sich ereignen, ereignisreich
erfahren → *fahren*, die Erfahrung
erfinden → *finden*, die Erfindung
der **Erfolg**, die Erfolge, erfolgreich, erfolglos, erfolgen
erforderlich, erfordern

A B C D E F G H I J K L M N O P Q R S T U V W X Y Z

erforschen → forschen
erfreulich, erfreuen
erfrieren → *frieren*
erfrischen, er erfrischt, erfrischend, die Erfrischung
erfüllen → füllen, die Erfüllung
Erfurt
ergänzen, er ergänzt, die Ergänzung
das **Ergebnis**, die Ergebnisse, ergeben
ergiebig
ergreifen → *greifen*
erhalten → *halten*
erheben → *heben*
erheblich
erhitzen, er erhitzt
die **Erholung**, sich erholen, erholsam
erinnern, er erinnert sich, die Erinnerung
die **Erkältung**, sich erkälten
erkennen → *kennen*
erklären, sie erklärt, die Erklärung
erkranken, er erkrankt, die Erkrankung
sich **erkundigen**, sie erkundigt sich, die Erkundigung
erlauben, er erlaubt, die Erlaubnis
erläutern, sie erläutert, die Erläuterung
die **Erle**, die Erlen
erleben → leben, das Erlebnis, die Erlebnisse
erledigen, er erledigt, die Erledigung
erleichtert, erleichtern, die Erleichterung
erlösen, sie erlöst, die Erlösung
ermahnen, er ermahnt, die Ermahnung
ermäßigen, er ermäßigt, die Ermäßigung
ermitteln, sie ermittelt, die Ermittlung
die **Ernährung**, ernähren
erneuern, ich erneuere, er erneuert, die Erneuerung
erneut
ernst, ernsthaft, der Ernst
ernten, sie erntet, die Ernte
erobern, sie erobert, die Eroberung
eröffnen, er eröffnet, die Eröffnung
erpressen, er erpresst, die Erpressung
erraten → *raten*

die **Erregung**, erregen, erregt
erreichen, sie erreicht, erreichbar
errichten, er errichtet
erröten, sie errötet
der **Ersatz**, ersetzen
erschaudern, sie erschaudert
erscheinen, sie erscheint, ich erschien, er ist erschienen, die Erscheinung
erschöpft, die Erschöpfung
erschrecken, er erschrickt, ich erschrak, sie ist erschrocken, der Schreck, er erschreckt mich
erschüttern, es erschüttert, die Erschütterung
ersetzen, es ersetzt, der Ersatz
die **Ersparnis**, die Ersparnisse
erst, erst heute, erst recht
erstaunt, erstaunen
erste, erstens, erst mal, das erste Mal, der Erste
ersticken, er erstickt, die Erstickung
erstklassig
ertappen, sie ertappt
ertragen → *tragen*
ertrinken → *trinken*
erwachsen, der Erwachsene
erwähnen, er erwähnt, die Erwähnung
erwarten, sie erwartet, die Erwartung
erweisen → *weisen*, es erweist sich
erwerben → *werben*, die Erwerbung
erwidern, er erwidert, die Erwiderung
erwischen, sie erwischt
das **Erz**, die Erze
erzählen, er erzählt, die Erzählung
erzeugen, sie erzeugt, das Erzeugnis
erziehen → *ziehen*, die Erziehung
es, es ist schön
die **Esche**, die Eschen
der **Esel**, die Esel
der **Eskimo**, die Eskimos
essen, er isst, ich aß, sie hat gegessen, essbar, iss!
das **Essen**, die Essen
der **Essig**, die Essige
Estland, die Estländer, estländisch
die **Etage**, die Etagen
die **Etappe**, die Etappen

das **Etikett**, die Etiketten
etliche
das **Etui**, die Etuis
etwa
etwas, etwas Salz
euch, euer, eure
die **Eule**, die Eulen
euretwegen
der **Euro** [€], 20 Euro
Europa, die Europäer, europäisch
die **Europäische Union** [EU]
das [der] **Euter**, die Euter
evangelisch [ev.]
das **Evangelium**, die Evangelien
eventuell
ewig, die Ewigkeit
exakt
das **Exemplar**, die Exemplare
existieren, es existiert, die Existenz
exotisch, der Exot
die **Expedition**, die Expeditionen
das **Experiment**, die Experimente, experimentieren
explodieren, es explodiert, die Explosion
extra
extrem, der Extremist
exzellent

F

die **Fabel**, die Fabeln, fabelhaft
die **Fabrik**, die Fabriken, fabrizieren, der Fabrikant
das **Fach**, die Fächer, fachgerecht
die **Fackel**, die Fackeln
fad [fade]
der **Faden**, die Fäden, einfädeln
das **Fagott**, die Fagotte
fähig, die Fähigkeit
fahnden, sie fahndet, die Fahndung
die **Fahne**, die Fahnen
die **Fähre**, die Fähren
fahren, er fährt, ich fuhr, sie ist gefahren, die Fahrt, der Fahrer, das Fahrzeug
fahrlässig
das **Fahrrad**, die Fahrräder
die **Fährte** (Spur), die Fährten
fair, die Fairness, Fair Play
der **Fakir**, die Fakire
der **Falke**, die Falken
der **Fall**, die Fälle, fällig
die **Falle**, die Fallen
fallen, sie fällt, ich fiel, er ist gefallen

fällen, er fällt einen Baum
falls
falsch, die Fälschung, fälschen
falten, sie faltet, die Falte, faltig
der Falter, die Falter
die Familie, die Familien
der Fan, die Fans, der Fanklub
fanatisch, der Fanatiker
fangen, er fängt, ich fing, sie hat gefangen, der Fang, die Fänge
die Fantasie [Phantasie], die Fantasien, fantasieren, fantastisch
die Farbe, die Farben, färben, farbenfroh, farbig
die Farm, die Farmen
der Farn, die Farne
der Fasan, die Fasane
der Fasching, die Faschinge [Faschings]
faseln, sie faselt
die Faser, die Fasern, fasrig [faserig]
das Fass, die Fässer
die Fassade, die Fassaden
fassen, er fasst, fass!, die Fassung, fassungslos
fast (beinahe)
fasten, er fastet
das Fast Food [Fastfood] (schneller Imbiss)
die Fastnacht [Fasnacht]
faszinierend, die Faszination
fauchen, sie faucht
faul, faulenzen, die Faulheit, der Faulpelz, Vergleich: → Foul
faulen, es fault, faul, verfaulen, die Fäulnis
die Faust, die Fäuste
der Favorit, die Favoriten
das Fax, die Faxe, faxen (ein Fax schicken)
die Faxen (Faxen machen)
das Fazit, die Fazite [Fazits]
der Februar
fechten, sie ficht, ich focht, er hat gefochten, die Fechter
die Feder, die Federn
die Fee, die Feen
fegen, sie fegt, der Feger
fehlen, er fehlt
der Fehler, die Fehler, fehlerfrei, fehlerhaft
feiern, sie feiert, die Feier, feierlich, der Feiertag
feige [feig], der Feigling, die Feigheit
die Feige, die Feigen

feilen, er feilt, die Feile
fein, die Feinheit
der **Feind**, die Feinde, feindlich, feindselig, die Feindschaft
das **Feld**, die Felder
die **Felge**, die Felgen, die Felgenbremse
das **Fell**, die Felle
der **Felsen** [Fels], die Felsen, felsig
das **Fenster**, die Fenster
die **Ferien**
das **Ferkel**, die Ferkel
fern, die Ferne
der **Fernseher**, die Fernseher, fernsehen
die **Ferse**, die Fersen
fertig, fertigstellen
fesseln, sie fesselt, die Fessel
fest, fester, feststellen
das **Fest**, die Feste, festlich
die **Festung**, die Festungen
fett, fettig, einfetten, das Fett
der **Fetzen**, die Fetzen
feucht, die Feuchtigkeit
das **Feuer**, die Feuer, feurig, die Feuerwehr
die **Fibel**, die Fibeln
die **Fichte**, die Fichten
das **Fieber**, fiebern, fiebrig, das Fieberthermometer
fies
die **Figur**, die Figuren
das **Filet** (zartes Fleisch), die Filets
die **Filiale**, die Filialen
der **Film**, die Filme, filmen
der **Filter**, die Filter, filtern
der **Filz**, die Filze, filzen, der Filzstift
das **Finale**, die Finale
die **Finanzen**, finanzieren, das Finanzamt
finden, er findet, ich fand, sie hat gefunden, die Finderin, der Fund
der **Finger**, die Finger
der **Fink**, die Finken
Finnland, die Finnen, finnisch
finster, die Finsternis
die **Finte** (List), die Finten
die **Firma**, die Firmen
die **Firmung**, die Firmungen, firmen
der **First**, die Firste, der Dachfirst
der **Fisch**, die Fische, der Fischer, fischen
fit, fitter, am fittesten, die Fitness
fix
flach, die Fläche
flackern, es flackert
der **Fladen**, die Fladen

die **Flagge**, die Flaggen
der **Flamingo**, die Flamingos
die **Flamme**, die Flammen
die **Flanke**, die Flanken, flanken
die **Flasche**, die Flaschen
flattern, sie flattert
flau, die Flaute
der **Flaum**, flaumig
flauschig
die **Flaute** (Windstille), die Flauten
die **Flechte**, die Flechten
flechten, er flicht, ich flocht, sie hat geflochten
der **Fleck**, die Flecken, fleckig
die **Fledermaus**, die Fledermäuse
der **Flegel**, die Flegel
flehen, sie fleht
das **Fleisch**, fleischig, die Fleischerin
der **Fleiß**, fleißig
flennen, er flennt
fletschen, sie fletscht
flicken, er flickt, der Flicken
der **Flieder**, die Flieder
die **Fliege**, die Fliegen
fliegen, sie fliegt, ich flog, er ist geflogen
fliehen, sie flieht, ich floh, er ist geflohen, die Flucht
die **Fliese**, die Fliesen
fließen, es fließt, es floss, es ist geflossen
flimmern, es flimmert
flink
die **Flinte**, die Flinten
der **Flirt** (Liebelei), die Flirts, flirten
flitzen, sie flitzt
die **Flocke**, die Flocken, flockig
der **Floh**, die Flöhe
das **Floß**, die Flöße
die **Flosse**, die Flossen
flöten, er flötet, die Flöte
flott
der **Fluch**, die Flüche
fluchen, sie flucht
flüchten, er flüchtet, die Flucht, die Flüchtlinge
flüchtig, der Flüchtigkeitsfehler
der **Flug**, die Flüge, das Flugzeug
der **Flügel**, die Flügel
flügge
flunkern, ich flunkere, sie flunkert
der **Flur** (Hausflur), die Flure
der **Fluss**, die Flüsse
flüssig, die Flüssigkeit
flüstern, er flüstert
die **Flut**, die Fluten, fluten
das **Fohlen**, die Fohlen
der **Föhn**, die Föhne

föhnen, sie föhnt
folgen, er folgt, die Folge, folgend
die **Folie**, die Folien
foltern, sie foltert, die Folter
die **Fontäne**, die Fontänen
foppen, er foppt
fordern, sie fordert, die Forderung
fördern, er fördert, der Förderunterricht, die Förderung, befördern
die **Forelle**, die Forellen
die **Form**, die Formen, formen
formatieren, sie formatiert
die **Formel**, die Formeln
das **Formular**, die Formulare
formulieren, sie formuliert, die Formulierung
forschen, er forscht, die Forscher, die Forschung
der **Förster**, die Försterin, der Forst
fort, fort sein
das **Fort** (Festung), die Forts
fortfahren → *fahren*
fortgehen → *gehen*
der **Fortschritt**, die Fortschritte, fortschrittlich
fortsetzen, sie setzt fort, die Fortsetzung
fortwährend
das **Foto**, die Fotos, die Fotografie, fotografieren, die Fotografin
die **Fotokopie**, die Fotokopien, fotokopieren
das **Foul** (Regelverstoß), die Fouls, Vergleich: → faul
die **Fracht**, die Frachten, der Frachter, verfrachten
fragen, er fragt, die Frage
fragwürdig, fraglich
frankieren, sie frankiert
Frankreich, die Franzosen, französisch
die **Franse**, die Fransen
die **Fratze**, die Fratzen
die **Frau**, die Frauen
frech, die Frechheit
frei, die Freiheit, im Freien, freihändig
das **Freibad**, die Freibäder
freilich
der **Freitag**, die Freitage, freitags, am Freitag
freiwillig
die **Freizeit**
fremd, der Fremde, die Fremde
fremdeln, sie fremdelt
fressen, er frisst, es fraß, sie hat gefressen,

der Fraß, gefräßig, friss!
sich **freuen**, sie freut sich, die Freude, freudig
der **Freund**, die Freunde, die Freundin, die Freundschaft
freundlich, die Freundlichkeit
der **Frieden** [Friede], friedlich
der **Friedhof**, die Friedhöfe
frieren, er friert, ich fror, sie hat gefroren, erfrieren
die **Frikadelle**, die Frikadellen
das **Frikassee**, die Frikassees
das **Frisbee** (Wurfscheibe), die Frisbees
frisch, die Frische
die **Friseurin** [Frisörin], die Friseurinnen, der Friseur, die Frisur, frisieren
die **Frist**, die Fristen, fristlos
die **Fritteuse**, die Fritteusen
froh, der Frohsinn
fröhlich, die Fröhlichkeit
fromm, die Frömmigkeit
Fronleichnam
die **Front**, die Fronten, frontal
der **Frosch**, die Frösche, der Froschlaich
der **Frost**, die Fröste, frostig, frösteln
das **Frotteehandtuch**, die Frotteehandtücher
die **Frucht**, die Früchte, fruchtig
fruchtbar
früh, frühestens, frühzeitig
der **Frühling**, das Frühjahr
das **Frühstück**, frühstücken
der **Frust**, frustriert
der **Fuchs**, die Füchse
die **Fuge**, die Fugen
sich **fügen**, er fügt sich
fühlen, sie fühlt, der Fühler, das Gefühl
die **Fuhre**, die Fuhren, das Fuhrwerk
führen, er führt, die Führung, der Führer, der Führerschein
füllen, sie füllt, die Fülle, die Füllung, der Füller
fummeln, er fummelt
der **Fund**, die Funde
das **Fundament**, die Fundamente
fünf, fünfzehn, fünfzig, fünfmal
der **Funke** [Funken], die Funken
funkeln, es funkelt
funken, sie funkt, der Funk, der Funker
funktionieren, es funktioniert, die Funktion
für, füreinander
die **Furche**, die Furchen

fürchten, er fürchtet sich, die Furcht
fürchterlich, furchtbar
die **Fürsorge**, fürsorglich
die **Fürstin**, der Fürst, fürstlich
das **Fürwort** (Pronomen), die Fürwörter
der **Fuß**, die Füße, zu Fuß, der Fußball, der Fußgänger
futsch (weg)
das **Futter**
füttern, sie füttert, die Fütterung
das **Futur** (Zukunft)

G

die **Gabe**, die Gaben
die **Gabel**, die Gabeln
gackern, sie gackert
gaffen, er gafft
der **Gag** (witziger Einfall), die Gags
gähnen, sie gähnt
die **Galaxie**, die Galaxien
der **Galgen**, die Galgen
die **Galle**, die Gallen
der **Galopp**, galoppieren
der **Gameboy**, die Gameboys
gammeln, es gammelt
die **Gämse**, die Gämsen
der **Gang**, die Gänge, die Gangschaltung
der **Gangster**, die Gangster
der **Ganove**, die Ganoven
die **Gans**, die Gänse
ganz, ganze, gänzlich
gar (fertig gekocht), garen
gar, gar nicht
die **Garage**, die Garagen
die **Garantie**, die Garantien, garantieren
die **Garderobe**, die Garderoben
die **Gardine**, die Gardinen
gären, es gärt, die Gärung
das **Garn**, die Garne, das Nähgarn
garnieren, er garniert
die **Garnitur**, die Garnituren
garstig
der **Garten**, die Gärten, die Gärtnerin, die Gärtnerei
das **Gas**, die Gase, die Abgase
die **Gasse**, die Gassen, das Gässchen
der **Gast**, die Gäste, gastlich, die Gaststätte
der **Gatte**, die Gatten, die Gattin
das **Gatter**, die Gatter
der **Gaukler**, die Gaukler

der **Gaul**, die Gäule
der **Gaumen**, die Gaumen
die **Gaunerin**, die Gauner, der Gauner
das **Gebäck**
die **Gebärde**, die Gebärden
gebären, sie gebärt, sie gebar, sie hat geboren
das **Gebäude**, die Gebäude
das **Gebell** [Gebelle]
geben, er gibt, ich gab, sie hat gegeben, gib!
das **Gebet**, die Gebete
das **Gebiet**, die Gebiete, gebieten
gebildet, die Gebildete
das **Gebirge**, die Gebirge, gebirgig
das **Gebiss**, die Gebisse
das **Gebläse**, die Gebläse
geboren, sie ist geboren
das **Gebot**, die Gebote
gebrauchen, er gebraucht, der Gebrauch, gebraucht
gebrechlich, das Gebrechen
das **Gebrüll**
die **Gebühr**, die Gebühren
die **Geburt**, die Geburten
der **Geburtstag**, die Geburtstage
das **Gebüsch**, die Gebüsche
das **Gedächtnis**, die Gedächtnisse
der **Gedanke**, die Gedanken
das **Gedeck**, die Gedecke
gedeihen, es gedeiht
gedenken → *denken*, das Gedenken
das **Gedicht**, die Gedichte
das **Gedränge**, gedrängt
die **Geduld**, geduldig
geehrt
geeignet
die **Gefahr**, die Gefahren, gefährlich, gefährden
der **Gefährte**, die Gefährten, die Gefährtin
das **Gefälle**, die Gefälle
gefallen, es gefällt, es gefiel, es hat gefallen
der **Gefallen**, die Gefallen
gefällig, die Gefälligkeit
das **Gefängnis**, die Gefängnisse, die Gefangenen
das **Gefäß**, die Gefäße
das **Gefieder**, die Gefieder, gefiedert
gefleckt
das **Geflügel**
das **Geflüster**, flüstern
gefräßig
gefroren, gefrieren
das **Gefühl**, die Gefühle, gefühllos, gefühlvoll

ge|gen, gegeneinander, gegenseitig, gegenüber
die **Ge|gend**, die Gegenden
der **Ge|gen|satz**, die Gegensätze, gegensätzlich
ge|gen|sei|tig
der **Ge|gen|stand**, die Gegenstände
das **Ge|gen|teil**
ge|gen|über
die **Ge|gen|wart**, gegenwärtig
der **Geg|ner**, die Gegner
das **Ge|halt**, die Gehälter
ge|häs|sig
das **Ge|häu|se**, die Gehäuse
das **Ge|he|ge**, die Gehege
ge|heim, das Geheimnis, geheimnisvoll
ge|hen, er geht, ich ging, sie ist gegangen, der Gang
ge|heu|er
der **Ge|hil|fe**, die Gehilfen
das **Ge|hirn**, die Gehirne
das **Ge|höft**, die Gehöfte
das **Ge|hör**, gehörlos
ge|hor|chen, sie gehorcht, der Gehorsam, gehorsam sein
ge|hö|ren, es gehört ihr
der **Gei|er**, die Geier
die **Gei|ge**, die Geigen
geil
die **Gei|sel**, die Geiseln
die **Geiß** (Ziege), die Geißen
der **Geist** (Verstand), geistig, der Geistliche
der **Geist** (Gespenst), die Geister
gei|zig, der Geiz
das **Ge|jam|mer**
das **Ge|krit|zel**
das **Gel**, die Gele [Gels]
das **Ge|läch|ter**
ge|lähmt, die Gelähmte
das **Ge|län|de**, die Gelände
das **Ge|län|der**, die Geländer
ge|lang|weilt
gelb, gelblich
das **Geld**, die Gelder
das [der] **Ge|lee**, die Gelees
die **Ge|le|gen|heit**, Gelegenheiten, gelegentlich
ge|lehrt, der Gelehrte, gelehrig
das **Ge|lenk**, die Gelenke, gelenkig
ge|liebt, die Geliebten
ge|lin|gen, es gelingt, es gelang, es ist gelungen
gel|ten, es gilt, es galt, es hat gegolten, die Geltung
ge|mäch|lich
der **Ge|mahl**, die Gemahlin

das **Gemälde**, die Gemälde
gemäß
gemein, die Gemeinheit
die **Gemeinde**, die Gemeinden
gemeinsam, die Gemeinsamkeit
gemeinschaftlich, die Gemeinschaft
das **Gemüse**
das **Gemüt**, die Gemüter
gemütlich, die Gemütlichkeit
genau, genauso, die Genauigkeit
genehmigen, sie genehmigt, die Genehmigung
geneigt
der **General**, die Generäle
die **Generation**, die Generationen
der **Generator**, die Generatoren
genial
das **Genick**, die Genicke
sich **genieren** (schämen), er geniert sich
genießen, sie genießt, ich genoss, er hat genossen, der Genuss, genüsslich, genießbar
der **Genitiv** (2. Fall, Wesfall)
die **Genossin**, die Genossen, die Genossenschaft

genug, genügen, genügend, es genügt, die Genugtuung
der **Genuss**, die Genüsse
die **Geografie** [Geographie]
die **Geometrie**, geometrisch
das **Gepäck**, packen, gepackt
gerade, geradeaus, geradezu
das **Gerät**, die Geräte
geraten, es gerät, es geriet, es ist geraten
geräumig
das **Geräusch**, die Geräusche
gerecht, die Gerechtigkeit
das **Gerede**
das **Gericht**, die Gerichte
gering
gerinnen, es gerinnt, es gerann, es ist geronnen
das **Gerippe**, die Gerippe
gerissen, die Gerissenheit
der **Germane**, die Germanen, Germanien, germanisch
gern [gerne], lieber, am liebsten
das **Geröll**
die **Gerste**
der **Geruch**, die Gerüche, geruchlos
das **Gerücht**, die Gerüchte
das **Gerümpel**
das **Gerüst**, die Gerüste

A B C D E F G H I J K L M N O P Q R S T U V W X Y Z

gesamt, insgesamt, die Gesamtschule
die [der] **Gesandte**, die Gesandten
der **Gesang**, die Gesänge
das **Gesäß**, die Gesäße
das **Geschäft**, die Geschäfte, geschäftlich
geschehen, es geschieht, es geschah, es ist geschehen, das Geschehen
gescheit
das **Geschenk**, die Geschenke
die **Geschichte**, die Geschichten
geschickt, die Geschicklichkeit
geschieden → *scheiden*
das **Geschirr**, die Geschirre
das **Geschlecht**, die Geschlechter
geschlossen → *schließen*
der **Geschmack**, die Geschmäcke, geschmackvoll
geschmeidig
das **Geschöpf**, die Geschöpfe
das **Geschoss**, die Geschosse
das **Geschrei**
das **Geschütz**, die Geschütze
das **Geschwätz**, geschwätzig
geschwind, die Geschwindigkeit
die **Geschwister**
geschwollen → *schwellen*
das **Geschwür**, die Geschwüre

die **Gesellin**, die Gesellen
die **Gesellschaft**, die Gesellschaften, gesellig
das **Gesetz**, die Gesetze, gesetzlich, gesetzlos
das **Gesicht**, die Gesichter
das **Gespann**, die Gespanne
gespannt
das **Gespenst**, die Gespenster
gespenstisch [gespenstig]
das **Gespräch**, die Gespräche, gesprächig
gesprenkelt
das **Gespür**
die **Gestalt**, die Gestalten
gestalten, er gestaltet
das **Geständnis**, die Geständnisse
der **Gestank** → *stinken*
gestatten, sie gestattet
die **Geste**, die Gesten
gestehen → *stehen*, geständig
das **Gestein**, die Gesteine
das **Gestell**, die Gestelle
gestern, vorgestern
gestreift
das **Gestrüpp**, die Gestrüppe
gesund, gesünder, am gesündesten, die Gesundheit
das **Getränk**, die Getränke

das **Getreide**
getrennt
das **Getriebe**, die Getriebe
das **Getuschel**
das **Gewächs**, die Gewächse
gewähren, sie gewährt
die **Gewalt**, die Gewalten, gewaltig
das **Gewand**, die Gewänder
gewandt sein, die Gewandtheit
das **Gewässer**, die Gewässer
das **Gewebe**, die Gewebe
das **Gewehr**, die Gewehre
das **Geweih**, die Geweihe
das **Gewerbe**, die Gewerbe
die **Gewerkschaft**, die Gewerkschaften
gewesen → *sein*
das **Gewicht**, die Gewichte
das **Gewimmel**
das **Gewinde**, die Gewinde
gewinnen, er gewinnt, ich gewann, sie hat gewonnen, der Gewinn, der Gewinner
das **Gewirr**
gewiss, die Gewissheit
das **Gewissen**, die Gewissen, gewissenhaft
gewissermaßen
das **Gewitter**, die Gewitter, gewittrig
gewitzt
gewöhnen, sie gewöhnt, die Gewohnheit, die Gewöhnung, gewöhnlich
das **Gewölbe**, die Gewölbe, gewölbt
das **Gewühl**
das **Gewürz**, die Gewürze
die **Gezeiten** (Ebbe und Flut)
das **Gezwitscher**
der **Giebel**, die Giebel
die **Gier**, gierig
gießen, er gießt, ich goss, sie hat gegossen, der Guss
das **Gift**, die Gifte, giftig
das **Gigabyte**, die Gigabyte [Gigabytes]
gigantisch, der Gigant
der **Gipfel**, die Gipfel
der **Gips**, gipsen
die **Giraffe**, die Giraffen
die **Girlande**, die Girlanden
die **Gitarre**, die Gitarren
das **Gitter**, die Gitter, vergittern
der **Glanz**, glänzen, glänzend
das **Glas**, die Gläser, gläsern
die **Glasur**, die Glasuren
glatt, glatter [glätter], am glattesten [glättesten], die Glätte
die **Glatze**, die Glatzen

A B C D E F G H I J K L M N O P Q R S T U V W X Y Z

glau|ben, sie glaubt, der Glaube, gläubig

gleich, das Gleichgewicht, gleichgültig, gleichen, gleichfalls, gleichmäßig, gleichzeitig

das **Gleis**, die Gleise

glei|ten, er gleitet, ich glitt, sie ist geglitten

der **Glet|scher**, die Gletscher

das **Glied**, die Glieder, die Gliedmaßen

glie|dern, er gliedert, die Gliederung

glim|men, es glimmt, es glomm [glimmte], es hat geglommen [geglimmt]

glimpf|lich

glit|schen, sie glitscht, es ist glitschig

glit|zern, es glitzert

der **Glo|bus**, die Globen [Globusse], global

die **Glo|cke**, die Glocken, das Glöckchen

glot|zen, sie glotzt

das **Glück**, der Glückwunsch, glücklich, glücken, glücklicherweise

die **Glu|cke**, die Glucken

glü|hen, es glüht, glühend, die Glut

die **Gna|de**, gnädig, gnadenlos

der **Go|ckel**, die Gockel

das **Gold**, golden, goldig

das **Golf**, Golf spielen

der **Golf** (Meeresbucht)

die **Gon|del**, die Gondeln

der **Gong**, die Gongs, gongen

gön|nen, er gönnt

das **Gör** (unerzogenes Kind), die Gören

der **Go|ril|la**, die Gorillas

die **Gos|se**, die Gossen

der **Gott**, die Götter, göttlich

das **Grab**, die Gräber

gra|ben, sie gräbt, ich grub, er hat gegraben

der **Gra|ben**, die Gräben

der [das] **Grad**, die Grade, 25 Grad Wärme

der **Graf**, die Grafen, die Gräfin

das **Graf|fi|ti**, die Graffitis

die **Gra|fik** [Graphik], die Grafiken

der **Gram** (Kummer), sich grämen

das **Gramm** [g], 20 Gramm

die **Gram|ma|tik**, die Grammatiken, grammatisch

die **Gra|na|te**, die Granaten

der **Gra|nit**, die Granite

grantig
die Grapefruit (Pampelmuse), die Grapefruits
das Gras, die Gräser, grasen
grässlich
der Grat (Bergkamm), die Grate
die Gräte, die Gräten
gratis (kostenlos)
die Grätsche, die Grätschen
grätschen, er grätscht
gratulieren, sie gratuliert, die Gratulation
grau, gräulich
grauen, es graut mir, das Grauen, grausig, grauenhaft, die Gräueltat
die Graupel (Hagelkorn), die Graupeln
grausam, die Grausamkeit
greifen, er greift, ich griff, sie hat gegriffen, der Griff
die Greisin, die Greise
grell, grelles Licht
die Grenze, die Grenzen
Griechenland, die Griechen, griechisch
der Grieß, der Grießbrei
der Griff, die Griffe, griffig
der Grill, die Grills, grillen
die Grille (Insekt), die Grillen
die Grimasse, die Grimassen
grimmig
grinsen, sie grinst
die Grippe
grob, gröber, am gröbsten
grölen, er grölt
grollen, sie grollt, der Groll
groß, größer, am größten, die Größe, die Großeltern, großzügig
großartig
Großbritannien, die Briten, britisch
die Großeltern, die Großmutter, der Großvater
die Grotte, die Grotten
das Grübchen, die Grübchen
die Grube, die Gruben
grübeln, er grübelt
die Gruft, die Grüfte
grün, grünlich
der Grund, die Gründe
gründen, sie gründet, die Gründung
gründlich
grundsätzlich, der Grundsatz
die Grundschule, die Grundschulen, die Grundschüler
das Grundstück, die Grundstücke

grunzen, es grunzt
die **Gruppe**, die Gruppen
sich **gruseln**, er gruselt sich
der **Gruß**, die Grüße
grüßen, sie grüßt
die **Grütze**, die Grützen
gucken [kucken], er guckt, das Guckloch
das [der] **Gulasch**, die Gulasche [Gulaschs]
die **Gülle** (Jauche)
der [das] **Gully**, die Gullys
gültig, die Gültigkeit
der [das] **Gummi**, die Gummis, der [das] Gummitwist
günstig, die Gunst
gurgeln, ich gurgle [gurgele], sie gurgelt, die Gurgel
die **Gurke**, die Gurken
gurren, die Taube gurrt
der **Gurt**, die Gurte, gurten
der **Gürtel**, die Gürtel
der **Guss**, die Güsse
gut, besser, am besten, etwas Gutes tun, alles Gute
das **Gut**, die Güter
gütig, die Güte
das **Gymnasium**, die Gymnasien
die **Gymnastik**
das **Gyros**, die Gyros

H

das **Haar**, die Haare, das Härchen, haaren, haarig, der Haarschnitt
haben, er hat, ich hatte, sie hat gehabt
habgierig, die Habgier
der **Habicht**, die Habichte
die **Hachse** [Haxe], die Hachsen
die **Hacke** [der Hacken] (Ferse), die Hacken
die **Hacke** (Werkzeug), die Hacken
hacken, sie hackt Holz
der **Hafen**, die Häfen
der **Hafer**, die Haferflocken
die **Haft**, der Häftling
haften, er haftet, verhaften
die **Hagebutte**, die Hagebutten
der **Hagel**, hageln
hager
der **Hahn**, die Hähne
der **Hai**, die Haie
häkeln, sie häkelt
der **Haken**, die Haken
halb, halb zwei, halb voll, halbieren, halbjährig, halbtags, der Halbmond

die **Halde**, die Halden
die **Hälfte**, die Hälften
die **Halle**, die Hallen
hallen, es hallt
die **Hallig**, die Halligen
hallo!
Halloween (31. Oktober)
der **Halm**, die Halme
die **Halogenlampe**, die Halogenlampen
der **Hals**, die Hälse
halten, er hält, ich hielt, sie hat gehalten, haltbar, die Haltung, die Haltestelle
der **Halunke**, die Halunken
Hamburg, die Hamburger, hamburgisch
hämisch, die Häme
der **Hammel**, die Hammel
der **Hammer**, die Hämmer, hämmern, ich hämmere
hampeln, sie hampelt
der **Hamster**, die Hamster, hamstern
die **Hand**, die Hände, die Handwerkerin, handlich
handeln, er handelt, die Handlung, der Händler
das **Handy**, die Handys
der **Hang**, die Hänge

hängen, das Bild hängt an der Wand, es hing an der Wand, es hat gehangen
hängen, er hängt das Bild an die Wand, ich hängte, sie hat es an die Wand gehängt
Hannover
hänseln, sie hänselt
hantieren, er hantiert
der **Happen**, die Happen
happy (glücklich)
die **Hardware**, die Hardwares
die **Harke**, die Harken, harken
harmlos
harmonisch, die Harmonie
der **Harn**, die Harnblase
der **Harnisch** (Brustpanzer), die Harnische
die **Harpune**, die Harpunen
hart, härter, am härtesten, die Härte, hartnäckig
das **Harz** (am Baum), die Harze, harzig
haschen (fangen), sie hascht
der **Hase**, die Hasen, das Häschen
die **Haselnuss**, die Haselnüsse
hassen, er hasst, der Hass
hässlich, die Hässlichkeit
du **hast** → *haben*
die **Hast**, hastig, hasten

A B C D E F G H I J K L M N O P Q R S T U V W X Y Z

sie **hat**, er hatte → *haben*
der **Hattrick**, die Hattricks
die **Haube**, die Hauben
der **Hauch**, hauchen
hauen, sie haut
der **Haufen**, die Haufen
häufig
das **Haupt**, die Häupter
der **Häuptling**, die Häuptlinge
hauptsächlich, die Hauptsache
die **Hauptstadt**, die Hauptstädte
das **Haus**, die Häuser, haushoch, hausen, das Zuhause, zu Hause [zuhause] sein, nach Hause [nachhause], die Hausaufgaben
die **Haut**, die Häute
die **Hebamme**, die Hebammen
der **Hebel**, die Hebel
heben, er hebt, ich hob, sie hat gehoben
der **Hecht**, die Hechte
das **Heck**, die Hecks [Hecke], die Heckscheibe
die **Hecke** (aus Sträuchern), die Hecken
das **Heer**, die Heere
die **Hefe**, der Hefeteig
das **Heft**, die Hefte, heften
heftig, die Heftigkeit

hegen, er hegt, hegen und pflegen
die **Heide**, die Heiden
die **Heidelbeere**, die Heidelbeeren
heikel
heil, heilen, die Heilung, der Heiland
heilig, der Heilige, der Heilige Abend
heillos
das **Heim**, die Heime, das Heimweh, ich fahre heim
die **Heimat**, heimatlich, heimatlos
heimlich, die Heimlichkeit
das **Heinzelmännchen**, die Heinzelmännchen
heiraten, er heiratet, die Heirat
heiser, die Heiserkeit
heiß, heißer, am heißesten
heißen, er heißt, ich hieß, sie hat geheißen
heiter, die Heiterkeit
heizen, sie heizt, die Heizung, das Heizöl
die **Hektik**, hektisch
der [das] **Hektoliter** [hl], die Hektoliter
der **Held**, die Helden
helfen, er hilft, ich half, sie hat geholfen, die Hilfe

hell, die Helligkeit
der Helm, die Helme
Helsinki (Hauptstadt von Finnland)
das Hemd, die Hemden
hemmen, sie hemmt, die Hemmung
der Hengst, die Hengste
der Henkel, die Henkel
die Henne, die Hennen
her, hin und her, herab, heran, herauf, heraus
herb
die Herberge, die Herbergen
der Herbst, herbstlich
der Herd, die Herde
die Herde, die Herden
herein, hereinkommen
der Hering, die Heringe
der Herr, die Herren
herrlich, die Herrlichkeit
herrschen, er herrscht, die Herrschaft, die Herrscherin
herstellen, sie stellt her, die Herstellung
herüber
herum
herunter
hervor, hervorragend
das Herz, die Herzen, herzlich, die Herzlichkeit, herzhaft
der Herzog, die Herzöge
Hessen, die Hessen, hessisch
hetzen, sie hetzt, die Hetze
das Heu, die Heuschrecke
heucheln, er heuchelt
heuer (in diesem Jahr)
die Heuer (Lohn für Seeleute)
heulen, sie heult
heute, heute Morgen
die Hexe, die Hexen, hexen, verhext
der Hieb, die Hiebe
hier, hieran, hierauf, hierbei, hierdurch, hierher, hiermit, hierzu, hierbleiben
die Hieroglyphen (alte Schriftzeichen)
hiesig
die Hilfe, die Hilfen, hilfsbereit, hilflos
die Himbeere, die Himbeeren
der Himmel, himmlisch
hin, hinab, hinauf, hinaus, hingegen, hinsetzen, hinweg, die Hinsicht
hindern, er hindert, das Hindernis, verhindern
hindurch
hinein
hinken, sie hinkt
hinten

hinter, hintereinander, hinterher, hinterlistig, der Hintergrund
der **Hintern**, die Hintern
hinüber, hinunter
der **Hinweis**, die Hinweise
hinzu
das **Hirn**, die Hirne
der **Hirsch**, die Hirsche
der **Hirt** [Hirte], die Hirten
der **Hit**, die Hits, die Hitparade
die **Hitze**, hitzefrei, hitzig
das **Hobby**, die Hobbys
der **Hobel**, die Hobel, hobeln
hoch, höher, am höchsten, der hohe Turm
höchstens
die **Hochzeit**, die Hochzeiten
hocken, er hockt, die Hocke
der **Hocker**, die Hocker
das **Hockey**, Hockey spielen
der **Hoden**, die Hoden
der **Hof**, die Höfe, das Gehöft
hoffen, sie hofft, die Hoffnung
hoffentlich
höflich, die Höflichkeit
die **Höhe**, die Höhen
hohl
die **Höhle**, die Höhlen
der **Hohn**, verhöhnen
der **Hokuspokus**

holen, er holt
Holland, die Holländer, holländisch
die **Hölle**, die Höllen
holprig [holperig], holpern
der **Holunder**
das **Holz**, die Hölzer
die **Homepage** (Internetseite), die Homepages
der **Honig**, die Honige
der **Hopfen**
hoppeln, er hoppelt
hoppla!
hopsen, sie hopst
horchen, er horcht
die **Horde**, die Horden
hören, sie hört, hörbar, der Hörer
der **Horizont**, horizontal
das **Horn**, die Hörner
die **Hornisse**, die Hornissen
das **Horoskop**, die Horoskope
der **Hort**, die Horte
horten, er hortet Vorräte
die **Hose**, die Hosen
das **Hospital**, die Hospitale [Hospitäler]
die **Hostie**, die Hostien
das [der] **Hotdog** [Hot Dog], die Hotdogs

das **Hotel**, die Hotels
hübsch
der **Hubschrauber**, die Hubschrauber
huckepack
der **Huf**, die Hufe
die **Hüfte**, die Hüften
der **Hügel**, die Hügel, hügelig [hüglig]
das **Huhn**, die Hühner
die **Hülle**, die Hüllen, enthüllen
die **Hülse**, die Hülsen
die **Hummel**, die Hummeln
der **Humor**, humorlos, humorvoll
humpeln, sie humpelt
der **Humus**, der Humusboden
der **Hund**, die Hunde
hundert, ein Hunderter, zweihundert, hundertmal
der **Hunger**, hungern, hungrig
die **Hupe**, die Hupen, hupen
hüpfen, er hüpft
die **Hürde**, die Hürden
hurra, Hurra schreien [hurra schreien]
huschen, sie huscht
der **Husten**, husten
der **Hut**, die Hüte
hüten, er hütet, behüten, auf der Hut sein
die **Hütte**, die Hütten
die **Hyäne**, die Hyänen
die **Hyazinthe**, die Hyazinthen
der **Hydrant**, die Hydranten
die **Hygiene**, hygienisch
die **Hymne**, die Hymnen, die Nationalhymne
hyperaktiv

I

der **ICE** [Intercityexpresszug], die ICEs [ICE]
ich
ideal, das Ideal
die **Idee**, die Ideen
der **Idiot**, die Idioten, die Idiotin, idiotisch
das **Idol**, die Idole
das **Idyll**, die Idylle, idyllisch
der **Igel**, die Igel
der [das] **Iglu**, die Iglus
ihm, gib ihm das Buch
ihn, sie mag ihn
ihnen, gib ihnen die Teller
ihr, ihre Uhr, ihr Koffer
illegal (ungesetzlich), legal

A B C D E F G H I J K L M N O P Q R S T U V W X Y Z

die **Illustrierte**, die Illustrierten
im (in dem), im Garten
der **Imbiss**, die Imbisse
die **Imkerin**, die Imker
immer, immerhin, immerzu, immer noch, immer wieder
der **Imperativ** (Befehlsform)
das **Imperfekt** (Vergangenheitsform)
impfen, sie impft, die Impfung
imponieren, er imponiert ihr, imposant
imstande sein [im Stande sein]
in, in der Tasche
der **Indianer**, die Indianer
die **Industrie**, die Industrien
ineinander
die **Infektion**, die Infektionen, der Infekt
der **Infinitiv** (Grundform des Verbs), die Infinitive
infolge, infolgedessen
die **Information**, die Informationen, informieren
der **Ingenieur**, die Ingenieure
die **Inhaberin**, die Inhaber
der **Inhalt**, die Inhalte, das Inhaltsverzeichnis
die **Inlineskates** [Inliner]
inmitten
innen, innerhalb, innerlich
innig
ins (in das), ins Haus
der **Insasse**, die Insassen
insbesondere
das **Insekt**, die Insekten
die **Insel**, die Inseln
das **Inserat**, die Inserate, inserieren
insgesamt
insofern
die **Inspektorin**, die Inspektoren
der **Installateur**, die Installateure, die Installationen
instand [in Stand], instand setzen
der **Instinkt**, die Instinkte
das **Institut**, die Institute
das **Instrument**, die Instrumente
intelligent, die Intelligenz
intensiv
interessant, interessieren, das Interesse
das **Internat**, die Internate
international
das **Internet**
das **Interview**, die Interviews, interviewen
die **Inuit** (Eskimos)
der **Invalide**, die Invaliden
inzwischen
irgend, irgendein, irgendwann,

irgendwo, irgendwie, irgendjemand
die **Iris** (Teil des Auges)
Irland, die Iren, irisch
die **Ironie**, ironisch
irren, sie irrt, der Irrtum, irrtümlich, irreführen, der Irre
der **Islam**, islamisch
Island, die Isländer, isländisch
Israel, die Israelis, israelisch
die **Isolation**, isolieren
er **isst** → *essen*
sie **ist** → *sein*, er ist nett
Italien, die Italiener, italienisch

J

ja, Ja [ja] sagen, jawohl
die **Jacht** [Yacht], die Jachten
die **Jacke**, die Jacken
jagen, sie jagt, die Jagd
die **Jägerin**, die Jäger
der **Jaguar**, die Jaguare
jäh, der Jähzorn
das **Jahr**, die Jahre, jährlich, jahrelang, zweijährig
der **Jahrmarkt**, die Jahrmärkte
die **Jalousie**, die Jalousien
der **Jammer**, jammern, jämmerlich
der **Januar**
Japan, die Japaner, japanisch
japsen, er japst
jäten, sie jätet
die **Jauche**, die Jauchegrube
jauchzen, er jauchzt
jaulen, sie jault
jawohl
der **Jazz**, die Jazzmusiker, jazzen
je, je Person
die **Jeans**, die Jeans
jede, jeder, jedes
jederzeit, jedenfalls, jedes Mal
jedoch
der **Jeep** (Geländewagen), die Jeeps
jeher, seit jeher
jemals
jemand, jemanden
jene, jener, jenes
jenseits
Jesus Christus
der **Jet** (Düsenflugzeug), die Jets, der Jumbojet
jetzt
jeweils
der **Job** (Arbeit), die Jobs, jobben
das **Jod**
jodeln, er jodelt

das [der] **Joga** → Yoga
joggen (langsam laufen), sie joggt, das Joggen, die Jogger
der [das] **Joghurt** [Jogurt], die Joghurts
die **Johannisbeere**, die Johannisbeeren
johlen, er johlt, das Gejohle
das **Jo-Jo** [Yo-Yo], die Jo-Jos
der **Joker**, die Joker
jonglieren, sie jongliert
der **Journalist**, die Journalisten
jubeln, er jubelt, der Jubel, jubilieren
das **Jubiläum**, die Jubiläen
jucken, sie juckt es
das **Judentum**, die Juden, jüdisch
das **Judo**
die **Jugend**, die Jugendlichen, jugendlich
der **Juli**
jung, jünger, am jüngsten
der **Junge**, die Jungen
das **Junge** (Tierkind), die Jungen
der **Juni**
der **Junior**, die Junioren, die Juniorin, die Juniorinnen
der **Jupiter** (Planet)
der **Jurist**, die Juristen
die **Jury** (Preisgericht)
das [der] **Juwel**, die Juwelen
der **Juwelier**, die Juweliere
der **Jux** (Spaß)

K

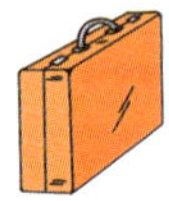

das **Kabel**, die Kabel
die **Kabine**, die Kabinen
die **Kachel**, die Kacheln, kacheln
der **Käfer**, die Käfer
der **Kaffee**, Vergleich: → Café
der **Käfig**, die Käfige
kahl
der **Kahn**, die Kähne
der **Kai** [Quai] (Ufermauer), die Kais
die **Kaiserin**, die Kaiser, der Kaiser, kaiserlich
der [das] **Kajak**, die Kajaks
die **Kajüte**, die Kajüten
der **Kakao**
der **Kaktus**, die Kakteen
das **Kalb**, die Kälber
der **Kalender**, die Kalender
der **Kalk**, kalken [kälken]
die **Kalorie**, die Kalorien
kalt, kälter, am kältesten, die Kälte

das **Kamel**, die Kamele
die **Kamera**, die Kameras
der **Kamerad**, die Kameraden
die **Kamille**, der Kamillentee
der **Kamin**, die Kamine
der **Kamm**, die Kämme
kämmen, er kämmt
die **Kammer**, die Kammern
der **Kampf**, die Kämpfe
kämpfen, sie kämpft
Kanada, die Kanadier, kanadisch
der **Kanal**, die Kanäle, die Kanalisation
der **Kanarienvogel**, die Kanarienvögel
der **Kandidat**, die Kandidaten
das **Känguru**, die Kängurus
das **Kaninchen**, die Kaninchen
der **Kanister**, die Kanister
die **Kanne**, die Kannen
der **Kanon**, die Kanons
die **Kanone**, die Kanonen
die **Kante**, die Kanten, kantig
die **Kantine**, die Kantinen
das **Kanu**, die Kanus
die **Kanzel**, die Kanzeln
die **Kanzlerin**, die Kanzler, der Kanzler
die **Kapelle**, die Kapellen

kapieren, er kapiert
der **Kapitän**, die Kapitäne
das **Kapitel**, die Kapitel
der **Kaplan**, die Kapläne
die **Kappe**, die Kappen
die **Kapsel**, die Kapseln
kaputt, kaputt machen
die **Kapuze**, die Kapuzen
der **Karabinerhaken**, die Karabinerhaken
die **Karambolage**, die Karambolagen
das **Karate**
die **Karawane**, die Karawanen
der **Kardinal**, die Kardinäle
der **Karfreitag**, die Karfreitage
karg, kärglich
kariert, das Karo
die **Karies**, kariös
die **Karikatur**, die Karikaturen
der **Karneval** (Fastnacht)
das **Karnickel**, die Karnickel
das **Karo**, die Karos
die **Karosserie**, die Karosserien
die **Karotte**, die Karotten
der **Karpfen**, die Karpfen
die **Karre** [der Karren], die Karren, karren
die **Karriere**, die Karrieren
die **Karte**, die Karten

die **Kartei**, die Karteien
die **Kartoffel**, die Kartoffeln
der **Karton**, die Kartons
das **Karussell**, die Karussells [Karusselle]
der **Käse**, die Käse
die **Kaserne**, die Kasernen
der **Kasper**, die Kasper, das Kasperletheater
die **Kasse**, die Kassen
die **Kassette**, die Kassetten
kassieren, er kassiert
die **Kastanie**, die Kastanien
der **Kasten**, die Kästen [Kasten]
der **Kat** (Katalysator), die Kats
der **Katalog**, die Kataloge
das **Katapult**, die Katapulte
die **Katastrophe** (Unglück), die Katastrophen, katastrophal
der **Kater**, die Kater
die **Kathedrale**, die Kathedralen
katholisch [kath.], die Katholiken
die **Katze**, die Katzen
kauen, sie kaut
kauern, er kauert
kaufen, sie kauft, der Kauf, die Käufer, käuflich
die **Kaulquappe**, die Kaulquappen
kaum

der **Kauz**, die Käuze
keck
der **Kegel**, die Kegel, kegeln
die **Kehle**, die Kehlen
kehren, er kehrt
kehrtmachen
keifen, sie keift
der **Keil**, die Keile
die **Keilerei**, die Keilereien, keilen
der **Keim**, die Keime, keimen, der Keimling
kein, keine, keiner, keines [keins], keinmal, keinerlei
keinesfalls, keineswegs
der [das] **Keks**, die Keks [Kekse]
der **Kelch**, die Kelche
die **Kelle**, die Kellen
der **Keller**, die Keller
die **Kellnerin**, die Kellner, der Kellner
kennen, er kennt, ich kannte, sie hat gekannt, die Kenntnis, das Kennzeichen
kennenlernen [kennen lernen]
kentern, es kentert
die **Keramik**, die Keramiken
die **Kerbe**, die Kerben
der **Kerker**, die Kerker
der **Kerl**, die Kerle
der **Kern**, die Kerne, kernig

die **Kerze**, die Kerzen, kerzengerade
der **Kescher** [Käscher] (Fangnetz), die Kescher
der **Kessel**, die Kessel
das [der] **Ketchup** [Ketschup]
die **Kette**, die Ketten
keuchen, sie keucht
die **Keule**, die Keulen
das **Keyboard** (Instrument), die Keyboards
das **Kfz** (Kraftfahrzeug)
kichern, er kichert
das **Kickboard**, die Kickboards
kicken, sie kickt
der **Kidnapper**, die Kidnapper
kiebig (frech, zänkisch)
der **Kiebitz**, die Kiebitze, kiebitzen
der **Kiefer** (Knochen), die Kiefer
die **Kiefer** (Nadelbaum), die Kiefern
Kiel (Hauptstadt von Schleswig-Holstein)
die **Kieme**, die Kiemen
der **Kies**, die Kiese, der Kiesel
Kiew (Hauptstadt der Ukraine)
das **Kilo**, die Kilos, das Kilogramm [kg]
der **Kilometer** [km], die Kilometer
das **Kind**, die Kinder, kindlich, die Kindheit

das **Kinn**, die Kinne
das **Kino**, die Kinos
der **Kiosk**, die Kioske
kippen, er kippt, die Kippe
die **Kirche** (Gotteshaus), die Kirchen
die **Kirmes**
die **Kirsche**, die Kirschen, die Sauerkirsche
das **Kissen**, die Kissen
die **Kiste**, die Kisten
der **Kitsch**, kitschig
der **Kitt**, die Kitte, kitten
der **Kittel**, die Kittel
das **Kitz**, die Kitze
kitzeln, sie kitzelt, kitzelig [kitzlig]
die **Kiwi**, die Kiwis
die **Kladde**, die Kladden
kläffen, der Hund kläfft
klagen, sie klagt, die Klage, kläglich
klamm
die **Klammer**, die Klammern
klammern, er klammert
die **Klamotten**
der **Klang**, die Klänge
die **Klappe**, die Klappen, klappen, aufklappen, klapprig
klappern, sie klappert, die Klapperschlange

A B C D E F G H I J K L M N O P Q R S T U V W X Y Z

der **Klaps**, die Klapse
klar, klären, erklären, die Klarheit, die Kläranlage
die **Klarinette**, die Klarinetten
die **Klasse**, die Klassen, die Klassenlehrerin, das ist klasse
die **Klassik**, klassisch
der **Klatsch** (Geschwätz)
klatschen, er klatscht
die **Klaue** (Kralle), die Klauen
klauen, sie klaut
das **Klavier**, die Klaviere
kleben, er klebt, klebrig, der Kleber, der Klebstoff
kleckern, sie kleckert
der **Klecks**, die Kleckse, klecksen
der **Klee**, das Kleeblatt
das **Kleid**, die Kleider, die Kleidung, kleiden
klein, kleinlich, die Kleinigkeit, das Kleingeld
der **Kleister**, die Kleister
klemmen, es klemmt, in der Klemme sein
der **Klempner**, die Klempner
die **Klette**, die Kletten
klettern, sie klettert
klicken, er klickt
das **Klima**, klimatisiert
der **Klimmzug**, die Klimmzüge
klimpern, sie klimpert
die **Klinge**, die Klingen
die **Klingel**, die Klingeln, klingeln
klingen, es klingt, es klang, es hat geklungen, der Klang
die **Klinik**, die Kliniken
die **Klinke**, die Klinken
die **Klippe**, die Klippen
klirren, es klirrt
klitzeklein
das **Klo**, die Klos, das Klosett
klönen (plaudern), sie klönt
klopfen, es klopft
der **Klops**, die Klopse
der **Kloß**, die Klöße
das **Kloster**, die Klöster
der **Klotz**, die Klötze
der **Klub** [Club], die Klubs
klug, klüger, am klügsten, die Klugheit
der **Klumpen**, die Klumpen
knabbern, er knabbert
der **Knabe**, die Knaben
das **Knäckebrot**, die Knäckebrote
knacken, es knackt, der Knacks
knallen, es knallt, der Knall
knapp, die Knappheit
der **Knappe**, die Knappen
knarren, es knarrt
der **Knatsch** (Streit)

knattern, es knattert
der [das] Knäuel, die Knäuel
knausern, sie knausert,
knauserig [knausrig]
der Knebel, die Knebel, knebeln
der Knecht, die Knechte
kneifen, sie kneift, ich kniff,
er hat gekniffen
die Kneipe, die Kneipen
kneten, sie knetet, die Knete,
das Knetgummi
knicken, er knickt, der Knick
der Knicks, die Knickse, knicksen
das Knie, die Knie, knien
kniffelig [knifflig], der Kniff
knipsen, sie knipst, anknipsen
der Knirps, die Knirpse
knirschen, es knirscht
knistern, es knistert
knittern, es knittert, knitterfrei
knobeln, er knobelt
der Knoblauch
der Knöchel, die Knöchel
der Knochen, die Knochen, knochig
der Knödel, die Knödel
die Knolle, die Knollen
der Knopf, die Knöpfe, knöpfen
der Knorpel, die Knorpel,
knorpelig [knorplig]
knorrig
die Knospe, die Knospen
der Knoten, die Knoten
knoten, sie knotet
knüllen, er knüllt, zerknüllen
knüpfen, sie knüpft
der Knüppel, die Knüppel
knurren, er knurrt
knusperig [knusprig], knuspern
k.o. (knock-out), k.o. schlagen
der Koalabär, die Koalabären
der Kobel, die Kobel
der Kobold, die Kobolde
die Kobra, die Kobras
kochen, sie kocht, der Koch,
die Köche, kochend heiß
der Köcher, die Köcher
der Köder, die Köder
der Koffer, die Koffer
der Kohl, der Kohlrabi
die Kohle, die Kohlen
die Kohlehydrat [Kohlenhydrat],
die Kohlehydrate
die Koje, die Kojen
die Kokosnuss, die Kokosnüsse
der Koks, die Kokse, der Koksofen
der Kolben, die Kolben
die Kolik, die Koliken
die Kollegin, die Kollegen
die Kolonne, die Kolonnen
der Koloss, die Kolosse, kolossal

A B C D E F G H I J K L M N O P Q R S T U V W X Y Z

der **Kom|bi**, die Kombis
kom|bi|nie|ren, er kombiniert
der **Ko|met**, die Kometen
kom|for|ta|bel, der Komfort
ko|misch, der Komiker
das **Kom|ma**, die Kommas [Kommata]
kom|man|die|ren, sie kommandiert, das Kommando
kom|men, er kommt, ich kam, sie ist gekommen
der **Kom|men|tar**, die Kommentare, kommentieren
der **Kom|mis|sar**, die Kommissare
die **Kom|mis|si|on**, die Kommissionen
die **Kom|mo|de**, die Kommoden
die **Kom|mu|ni|on**, die Kommunionen
der **Kom|mu|nis|mus**, die Kommunistin, kommunistisch
kom|mu|ni|zie|ren, er kommuniziert, die Kommunikation
die **Ko|mö|die**, die Komödien
kom|pakt, die Kompaktheit
die **Kom|pa|nie**, die Kompanien
der **Kom|pass**, die Kompasse
kom|plett
das **Kom|pli|ment**, die Komplimente
kom|pli|ziert
die **Kom|po|nis|tin**, die Komponisten, komponieren
der **Kom|post**, die Komposte
das **Kom|pott**, die Kompotte
der **Kom|pro|miss**, die Kompromisse
die **Kon|dens|milch**
die **Kon|di|ti|on**
der **Kon|di|tor**, die Konditoren, die Konditorei
der [das] **Kon|dom**, die Kondome
die **Kon|fe|renz**, die Konferenzen
die **Kon|fes|si|on**, die Konfessionen
das **Kon|fet|ti**
die **Kon|fir|ma|ti|on**, der Konfirmand, die Konfirmandin
die **Kon|fi|tü|re**, die Konfitüren
der **Kon|flikt**, die Konflikte
die **Kö|ni|gin**, die Könige, der König, königlich
die **Kon|kur|renz**, die Konkurrenzen, konkurrieren
kön|nen, sie kann, ich konnte, er hat gekonnt
der **Kon|rek|tor**, die Konrektoren
die **Kon|ser|ve**, die Konserven
der **Kon|so|nant** (Mitlaut), die Konsonanten
kon|s|t|ru|ie|ren, er konstruiert,

die Konstruktion
der **Konsum**, konsumieren
der **Kontakt**, die Kontakte
der **Kontinent**, die Kontinente
das **Konto**, die Konten
kontra [contra] (gegen)
die **Kontrolle**, die Kontrollen, kontrollieren
die **Konzentration**, sich konzentrieren
das **Konzert**, die Konzerte
Kopenhagen (Hauptstadt von Dänemark)
der **Kopf**, die Köpfe, kopflos
kopieren, sie kopiert, die Kopie, der Kopierer
die **Koralle**, die Korallen
der **Koran**
der **Korb**, die Körbe
die **Kordel**, die Kordeln
der **Korken**, die Korken
das **Korn**, die Körner
der **Körper**, die Körper
korrekt (richtig), die Korrektur
der **Korridor**, die Korridore
korrigieren, er korrigiert
die **Kosmetik**, kosmetisch
der **Kosmos**, kosmisch, der Kosmonaut
die **Kost** (Nahrung), köstlich, kosten, er kostet
die **Kosten**, kostenlos, kostbar, kostspielig, kosten, es kostet
das **Kostüm**, die Kostüme, kostümieren
der **Kot**
das **Kotelett**, die Koteletts
der **Köter**, die Köter
der **Kotflügel**, die Kotflügel
kotzen, sie kotzt
die **Krabbe**, die Krabben
krabbeln, es krabbelt
der **Krach**, krachen
krächzen, er krächzt, krächzend
die **Kraft**, die Kräfte, kräftig
der **Kragen**, die Kragen [Krägen]
die **Krähe**, die Krähen
krähen, er kräht
krakeelen, sie krakeelt
die **Kralle**, die Krallen, krallen
der **Kram**, kramen
der **Krampf**, die Krämpfe, krampfhaft, verkrampft
der **Kran**, die Kräne
der **Kranich**, die Kraniche
krank, die Kranke, die Krankheit, das Krankenhaus
kränken, sie kränkt
der **Kranz**, die Kränze

A B C D E F G H I J K L M N O P Q R S T U V W X Y Z

der **Krapfen**, die Krapfen
krass, krasser, am krassesten
der **Krater**, die Krater
kratzen, er kratzt, der Kratzer
kraulen, sie krault
kraus, krauses Haar, kräuseln
das **Kraut**, die Kräuter, das Unkraut
der **Krawall**, die Krawalle
die **Krawatte**, die Krawatten
kraxeln, er kraxelt
kreativ, die Kreativität
der **Krebs**, die Krebse
der **Kredit**, die Kredite
die **Kreide**, die Kreiden, kreidebleich
der **Kreis**, die Kreise, kreisen, kreisrund
kreischen, sie kreischt
der **Kreisel**, die Kreisel
der **Krempel**
das **Krepppapier** [Krepp-Papier]
die **Kresse**, die Kressen
das **Kreuz**, die Kreuze, kreuzen, die Kreuzigung
die **Kreuzung**, die Kreuzungen
kribbeln, es kribbelt
kriechen, er kriecht, es kroch, sie ist gekrochen
der **Krieg**, die Kriege, kriegerisch
kriegen, sie kriegt
der **Krimi**, die Krimis, die Kriminalpolizei, kriminell
der **Kringel**, die Kringel
die **Krippe**, die Krippen
die **Krise**, die Krisen
der **Kristall**, die Kristalle
das **Kriterium**, die Kriterien
die **Kritik**, die Kritiken, kritisch, kritisieren
kritzeln, sie kritzelt, die Kritzelei
Kroatien, die Kroaten, kroatisch
die **Krokette**, die Kroketten
das **Krokodil**, die Krokodile
der **Krokus**, die Krokusse
die **Krone**, die Kronen, krönen
kross (knusprig)
die **Kröte**, die Kröten
die **Krücke**, die Krücken
der **Krug**, die Krüge
der **Krümel**, die Krümel, krümeln, die Krume
krumm, die Krümmung
der **Krüppel**, die Krüppel
die **Kruste**, die Krusten
das **Kruzifix**, die Kruzifixe
der **Kübel**, die Kübel
die **Küche**, die Küchen
der **Kuchen**, die Kuchen

der **Kuckuck**, die Kuckucke
die **Kufe**, die Kufen
die **Kugel**, die Kugeln, kuglig [kugelig], der Kugelschreiber
die **Kuh**, die Kühe
kühl, kühlen, die Kühlung, der Kühlschrank
die **Kuhle** (Grube), die Kuhlen
kühn, die Kühnheit
das **Küken**, die Küken
der **Kuli** (Kugelschreiber), die Kulis
die **Kulisse**, die Kulissen
kullern, es kullert
die **Kultur**, die Kulturen, kulturell
der **Kümmel**
der **Kummer**, sich kümmern
kümmerlich
der **Kumpel**, die Kumpel
der **Kunde** (Käufer), die Kunden, die Kundschaft
die **Kunde** (Nachricht/Wissen), kundig
kündigen, sie kündigt, die Kündigung
künftig
die **Kunst**, die Künste, die Künstler, das Kunstwerk
künstlich
der **Kunststoff**, die Kunststoffe
kunterbunt

das **Kupfer**, kupfern
die **Kuppe**, die Kuppen, Fingerkuppe
die **Kuppel**, die Kuppeln, Kirchenkuppel
die **Kupplung**, die Kupplungen, kuppeln
die **Kur**, die Kuren, der Kurort
die **Kür**, die Küren, eine Kür laufen
die **Kurbel**, die Kurbeln, kurbeln
der **Kürbis**, die Kürbisse
der **Kurier**, die Kuriere
kurios (seltsam)
der **Kurs**, die Kurse
die **Kurve**, die Kurven, kurvig, kurven
kurz, kürzer, am kürzesten, die Kürze, die Kürzung, kürzlich, in Kürze, kurzsichtig
kuscheln, er kuschelt
die **Kusine** → Cousine
der **Kuss**, die Küsse, küssen
die **Küste**, die Küsten
der **Küster** (Kirchendiener), die Küster, die Küsterin
die **Kutsche**, die Kutschen, kutschieren
der **Kutter**, die Kutter
das **Kuvert** (Briefumschlag), die Kuverts

L

das **Labor**, die Labors [Labore], das Laboratorium
das **Labyrinth**, die Labyrinthe
lachen, sie lacht, das Lachen, lachhaft, lächeln, lächerlich
der **Lachs**, die Lachse
der **Lack**, die Lacke, lackieren, die Lackierung
laden, er lädt, ich lud, sie hat geladen, die Ladung
der **Laden** (Geschäft), die Läden [Laden]
die **Lady**, die Ladys
die **Lage**, die Lagen
das **Lager**, die Lager, lagern
die **Lagune**, die Lagunen
lahm, gelähmt, die Lähmung
der **Laib**, die Laibe, ein Laib Brot, Vergleich: → Leib
Laibach (Hauptstadt von Slowenien)
der **Laich**, laichen, der Froschlaich
der **Laie**, die Laien
das **Laken**, die Laken
die **Lakritze** [der [das] Lakritz], die Lakritzen [Lakritze]
lallen, sie lallt
das **Lama**, die Lamas
das **Lametta**
das **Lamm**, die Lämmer
die **Lampe**, die Lampen
der [das] **Lampion**, die Lampions
das **Land**, die Länder, ländlich, die Landschaft, die Landwirtschaft
landen, er landet, die Landung
lang, länger, am längsten, die Länge, länglich, langärmelig, langfristig, langjährig, langlebig, langwierig
die **Langeweile**, langweilig
langsam, die Langsamkeit
längst (schon lange)
die **Lanze**, die Lanzen
die **Lappalie**, die Lappalien
der **Lappen**, die Lappen
läppisch
der [das] **Laptop**, die Laptops
die **Lärche** (Nadelbaum), die Lärchen, Vergleich: → Lerche
der **Lärm**, lärmen
die **Larve**, die Larven
die **Lasche**, die Laschen
der **Laser**, die Laser
lassen, sie lässt, ich ließ, er hat gelassen, lass!

lässig
das [der] Lasso, die Lassos
die Last, die Lasten
der Laster (Lastwagen), die Laster
das Laster (Untugend), die Laster
lästern, er lästert
lästig, belästigen
der Lastwagen, die Lastwagen
das Latein, lateinisch
die Laterne, die Laternen
latschen, sie latscht, die Latschen
die Latte, die Latten
der Latz, die Lätze, das Lätzchen
lau, lauwarm
das Laub, der Laubbaum
die Laube, die Lauben
der Lauch, die Lauchzwiebel
lauern, er lauert, auf der Lauer
laufen, sie läuft, ich lief, er ist gelaufen, der Lauf, die Läufer
laufend
die Lauge, die Laugen
die Laune, die Launen, launisch
die Laus, die Läuse
lauschen, er lauscht
laut, der Laut, lautlos
läuten, es läutet, das laute Geläute
lauter (nichts als), lauter Tiere

die Lava, das Lavagestein
die Lawine, die Lawinen
lax (schlaff)
das Lazarett, die Lazarette
das Leben, leben, lebhaft, lebendig, leblos, die Lebensmittel, das Lebewesen
die Leber, der Lebertran
der Lebkuchen, die Lebkuchen
lechzen, sie lechzt
leck (undicht), das Leck
lecken, er leckt
lecker, die Leckereien
die LED (Leuchtdiode), die LEDs
das Leder, ledern
ledig (unverheiratet)
lediglich
leer, die Leere, leeren, der Leerlauf
die Legasthenie
legen, sie legt
die Legende, die Legenden
die Leggings [Leggins]
der Lehm, lehmig
die Lehne, die Lehnen, lehnen
der Lehrer, die Lehrer, die Lehrerin, die Lehrerinnen, lehren, die Lehre, der Lehrling
der Leib (Körper), die Leiber, Vergleich: → Laib

die **Leiche**, die Leichen, der Leichnam
leicht, die Leichtigkeit, der Leichtsinn, leichtsinnig, leichtfertig
die **Leichtathletik**
leiden, sie leidet, ich litt, er hat gelitten, das Leid [Leiden]
die **Leidenschaft**, die Leidenschaften, leidenschaftlich
leider
leidtun, es tut mir leid
leiern, er leiert
leihen, er leiht, ich lieh, sie hat geliehen
der **Leim**, leimen
die **Leine**, die Leinen
das **Leinen**, das Leinentuch
die **Leinwand**, die Leinwände
leise
die **Leiste**, die Leisten
leisten, sie leistet, die Leistung
leiten, er leitet, die Leiterin, die Leitung
die **Leiter**, die Leitern
die **Lektion**, die Lektionen
die **Lektüre**, die Lektüren
lenken, sie lenkt, der Lenker, das Lenkrad, die Lenkung

der **Lenz** (Frühling)
der **Leopard**, die Leoparden
die **Lerche** (Vogel), die Lerchen, Vergleich: → Lärche
lernen, sie lernt
lesen, er liest, ich las, sie hat gelesen, die Leserin, leserlich, die Lesung
Lettland, die Letten, lettisch
letzte, das letzte Mal, zuletzt, letztens, der [die, das] Letzte
leuchten, es leuchtet, der Leuchter, leuchtend
leugnen, sie leugnet
die **Leukämie** (Krankheit), die Leukämien
die **Leute**, leutselig
der **Leutnant**, die Leutnants [Leutnante]
das [der] **Level** (Niveau), die Level [Levels]
die **Leviten**, jemandem die Leviten lesen
das **Lexikon**, die Lexika [Lexiken]
die **Libelle**, die Libellen
das **Licht**, die Lichter, lichterloh, die Lichtung
das **Lid** (Augendeckel), die Lider, Vergleich: → Lied
die **Liebe**, der Liebling,

die Liebhaberei
lieben, er liebt, lieb, liebevoll, lieblich, liebenswürdig
lieber
Liechtenstein, die Liechtensteiner
das Lied, die Lieder, Volkslied, Vergleich: → Lid
liederlich
liefern, sie liefert, die Lieferung, lieferbar
liegen, er liegt, es lag, sie hat gelegen, die Liege, der Liegestütz
der Lift, die Lifte [Lifts]
die Liga, die Ligen, die Bundesliga
light
der Likör, die Liköre
lila, lilafarbig
die Lilie, die Lilien
die Limette, die Limetten
das Limit, die Limits [Limite]
die Limonade, die Limonaden
die Linde, die Linden
lindern, er lindert, die Linderung
das Lineal, die Lineale
die Linie, die Linien, liniert [liniiert], linieren [liniieren]
der [das] Link (Verknüpfung), die Links
links, linkshändig, linksherum, das linke Ohr
das Linoleum
die Linse, die Linsen
die Lippe, die Lippen
lispeln, sie lispelt
Lissabon (Hauptstadt von Portugal)
die List, die Listen, listig
die Liste, die Listen
Litauen, litauisch
der [das] Liter [l], die Liter, literweise
die Literatur, literarisch
die Litfaßsäule, die Litfaßsäulen
live (direkt übertragen), die Livesendung
die Lizenz, die Lizenzen
der Lkw [LKW] (Lastkraftwagen), die Lkws [Lkw]
loben, er lobt, das Lob
das Loch, die Löcher, lochen, der Locher, löcherig [löchrig]
die Locke, die Locken, lockig
locken, sie lockt
locker, lockern
der Lodenmantel, die Lodenmäntel
lodern, das Feuer lodert
der Löffel, die Löffel, löffeln, löffelweise
die Loge (Theaterraum), die Logen

A B C D E F G H I J K L M N O P Q R S T U V W X Y Z

die **Logik**, logisch
das **Log-in** (Einloggen mit dem Computer), die Log-ins
das [der] **Logo**, die Logos, das Firmenlogo
der **Lohn**, die Löhne, lohnen
die **Loipe** (Langlaufspur), die Loipen
lokal (örtlich)
das **Lokal**, die Lokale
die **Lokomotive** [Lok], die Lokomotiven
der **Lolli**, die Lollis
London (Hauptstadt von Großbritannien)
der [das] **Looping** (Überschlag), die Loopings
der **Lorbeer**, die Lorbeeren
der **Lord**, die Lords
die **Lore**, die Loren
los, losfahren, losgehen, loslassen, loslaufen, losreißen, loswerden
das **Los**, die Lose, losen, verlosen
löschen, er löscht
lose, der lose Deckel
lösen, sie löst, die Lösung, lösbar, löslich
das **Lot**, die Lote
löten, er lötet
die **Lotion**, die Lotionen, die Körperlotion
der **Lotse**, die Lotsen, lotsen
die **Lotterie**, die Lotterien
das **Lotto**, der Lottogewinn
der **Löwe**, die Löwen
der **Löwenzahn**
der **Luchs** (Raubtier), die Luchse
die **Lücke**, die Lücken, lückenlos, lückenhaft
das **Luder**, die Luder
die **Luft**, die Lüfte, luftig, der Luftballon, luftdicht
lüften, er lüftet, die Lüftung
lügen, sie lügt, ich log, er hat gelogen, die Lüge, die Lügner
die **Luke**, die Luken, die Dachluke
der **Lümmel**, die Lümmel, sich lümmeln
der **Lump** (schlechter Mensch), die Lumpen
der **Lumpen** (Lappen, Fetzen), die Lumpen, lumpig, zerlumpt
das **Lunchpaket**
die **Lunge**, die Lungen
lungern, er lungert
die **Lupe**, die Lupen, lupenrein
lüpfen [lupfen], sie lüpft
der **Lurch**, die Lurche
die **Lust**, die Lüste, lustlos

lustig
lutschen, er lutscht, der Lutscher
Luxemburg, die Luxemburger, luxemburgisch
der Luxus, luxuriös
die Lyrik (Dichtung), lyrisch

M

machen, sie macht, die Abmachung
die Macht, die Mächte, mächtig
die Macke, die Macken
das Mädchen, die Mädchen
die Made, die Maden, madig
die Madonna, die Madonnen
Madrid (Hauptstadt von Spanien)
die Magd, die Mägde
Magdeburg
der Magen, die Mägen [Magen]
mager
der Magier, die Magier, magisch
das Magma
der Magnet, die Magnete [Magneten], magnetisch
mähen, er mäht, der Rasenmäher
das Mahl, die Mähler [Mahle], die Mahlzeit, Vergleich: → Mal
mahlen, sie mahlt Kaffee, Vergleich: → malen
die Mähne, die Mähnen
mahnen, er mahnt, die Mahnung, ermahnen
der Mai, der Maibaum, das Maiglöckchen
die Mailbox, die Mailboxen
der Main (Fluss)
Mainz
der Mais, das Maisfeld
die Majestät, majestätisch
der Major, die Majore
der Makel, die Makel
das Make-up (Kosmetik)
die Makkaroni
die Maklerin, die Makler
mal, einmal, keinmal, malnehmen, komm mal!
das Mal, die Male, das erste Mal, jedes Mal, Vergleich: → Mahl
malen, er malt, die Maler, die Malerei, malerisch, Vergleich: → mahlen
Malta, die Malteser, maltesisch

A B C D E F G H I J K L M N O P Q R S T U V W X Y Z

das **Malz**, das Malzbier
die **Mama**, die Mamas, Mami
das **Mammut**, die Mammuts [Mammute]
man, man sieht Tiere, Vergleich: → Mann
der **Manager**, die Manager
manch, manche, mancher, manches
mancherlei
manchmal
die **Mandarine**, die Mandarinen
die **Mandel**, die Mandeln
die **Manege**, die Manegen, die Zirkusmanege
die **Mangel** (Maschine zum Glätten von Wäsche), die Mangeln, mangeln
der **Mangel** (Fehler), die Mängel, mangelhaft
die **Manieren** (Umgangsformen)
manipulieren, er manipuliert, die Manipulation
der **Mann**, die Männer, männlich, Vergleich: → man
die **Mannschaft**, die Mannschaften
der **Mantel**, die Mäntel
die **Mappe**, die Mappen
das **Märchen**, die Märchen
der **Marder**, die Marder
die **Margarine**
die **Margerite** (Blume), die Margeriten
der **Marienkäfer**, die Marienkäfer
die **Marine**, marineblau
die **Marionette**, die Marionetten
das **Mark**, das Knochenmark
die **Marke**, die Marken, die Briefmarke
markieren, sie markiert, die Markierung
die **Markise**, die Markisen
der **Markt**, die Märkte
die **Marmelade**, die Marmeladen
der **Marmor**, der Marmorstein
der **Mars** (Planet)
der **Marsch**, die Märsche, marschieren
der **Marterpfahl**, die Marterpfähle, martern
der **März**
das [der] **Marzipan**, die Marzipane
die **Masche**, die Maschen
die **Maschine**, die Maschinen, maschinell
die **Masern** (Kinderkrankheit)
die **Maske**, die Masken, maskieren
das **Maskottchen**, die Maskottchen
das **Maß**, die Maße, das Maßband
die **Masse**, die Massen, massig, massenhaft

massieren, er massiert,
die Massage
mäßig, mäßigen
massiv
die Maßnahme, die Maßnahmen
der Maßstab, die Maßstäbe
der Mast, die Masten [Maste],
der Schiffsmast
die Mast (Mästung von Tieren),
die Masten, mästen
das Match (Wettkampf/Spiel),
die Matchs [Matche]
das Material, die Materialien
die Mathematik, mathematisch
die Matratze, die Matratzen
der Matrose, die Matrosen
der Matsch, matschig
matt, die Mattigkeit
die Matte, die Matten
die Mauer, die Mauern, mauern
das Maul, die Mäuler, maulen
der Maulwurf, die Maulwürfe
der Maurer, die Maurer
die Maus, die Mäuse
maximal
die Mayonnaise [Majonäse],
die Mayonnaisen
Mazedonien, die Mazedonier,
mazedonisch
die Mechanikerin,
die Mechaniker, mechanisch
meckern, sie meckert
Mecklenburg-Vorpommern
die Medaille, die Medaillen
die Medien
das Medikament, die Medikamente
die Meditation, die Meditationen,
meditieren
die Medizin, die Mediziner,
medizinisch
das Meer, die Meere,
Vergleich: → mehr
der Meerrettich, die Meerrettiche
das Meerschweinchen,
die Meerschweinchen
das Mehl, mehlig
mehr, mehrere, mehrmals,
die Mehrheit, die Mehrzahl,
Vergleich: → Meer
meiden, er meidet, ich mied,
sie hat gemieden
die Meile, die Meilen, meilenweit
mein, meine, meiner, meines
meinen, er meint, die Meinung
meinetwegen
die Meise, die Meisen
der Meißel, die Meißel, meißeln
meist, meistens, am meisten
der Meister, die Meister, meistern,
meisterhaft, die Meisterschaft

A B C D E F G H I J K L M N O P Q R S T U V W X Y Z

melden, sie meldet, die Meldung
melken, er melkt, die Molkerei
die **Melodie**, die Melodien
die **Melone**, die Melonen
das **Memory**, die Memorys
die **Menge**, die Mengen
der **Mensch**, die Menschen, menschlich, die Menschheit
das **Menü**, die Menüs
merken, sie merkt
das **Merkmal**, die Merkmale
der **Merkur** (Planet)
merkwürdig
die **Messe**, die Messen
messen, er misst, ich maß, sie hat gemessen
das **Messer**, die Messer
das **Messing**
das **Metall**, die Metalle, metallisch
der [das] **Meteor**, die Meteore
die **Meteorologie**, die Meteorologen
der [das] **Meter** [m], die Meter, meterhoch, meterlang
die **Methode**, die Methoden
das **Mett**, die Mettwurst
die **Metzgerin**, die Metzger, die Metzgerei
meutern, sie meutert, die Meuterei
miauen, der Kater miaut
mich, ich mag mich
die **Mickymaus**
der **Mief**, miefig
die **Miene** (Gesichtsausdruck), die Mienen, Vergleich: → Mine
mies, miese Laune
die **Miete**, die Mieten, die Mieter, mieten
das **Mikrofon** [Mikrophon], die Mikrofone
das **Mikroskop**, die Mikroskope, mikroskopieren
die **Mikrowelle**
die **Milch**, milchig
mild [milde], die Milde, mildern
das **Milieu**, die Milieus
das **Militär**, militärisch
die **Milliarde** [Md./Mrd.], die Milliarden, die Milliardäre
das **Milligramm** [mg], 50 Milligramm
der [das] **Milliliter** [ml], 40 Milliliter
der [das] **Millimeter** [mm], 60 Millimeter
die **Million** [Mill./Mio.], die Millionen, die Millionäre
die **Milz**

minder, minderjährig, die Minderheit, minderwertig
mindestens
die **Mine** (Stiftmine, Bergwerk, Sprengkörper), die Minen, Vergleich: → Miene
das **Mineral**, die Minerale [Mineralien]
mini, minimal, das Minigolf
der **Minister**, die Minister, die Ministerin
die **Ministrantin**, die Ministranten
Minsk (Hauptstadt von Weißrussland)
minus, das Minuszeichen
die **Minute**, 5 Minuten [5 min]
mir, sie schenkt mir
die **Mirabelle**, die Mirabellen
mischen, sie mischt, die Mischung
miserabel (schlecht)
die **Miss**, die Misses, Miss Germany, die Misswahl
missachten → achten, die Missachtung
der **Missbrauch**, die Missbräuche, missbrauchen
der **Misserfolg**, die Misserfolge
das **Missgeschick**, die Missgeschicke
die **Misshandlung**, die Misshandlungen, misshandeln
die **Mission**, die Missionen
der **Missionar**, die Missionare
missmutig
das **Misstrauen**, misstrauisch, misstrauen
das **Missverständnis**, die Missverständnisse, missverstehen
der **Mist**, der Misthaufen
mit, sie kommt mit
der **Mitarbeiter**, die Mitarbeiter, mitarbeiten
mitbringen → *bringen*
miteinander
mitfahren → *fahren*
mitfühlen → fühlen, das Mitgefühl
mitgehen → *gehen*
das **Mitglied**, die Mitglieder
mithelfen → *helfen*, die Mithilfe
mitkommen → *kommen*
der **Mitlaut**, die Mitlaute
das **Mitleid**, mitleidig
der **Mitmensch**, die Mitmenschen
mitnehmen → *nehmen*
die **Mitschülerin**, die Mitschüler
der **Mittag**, die Mittage, mittags, heute Mittag, am Mittag

A B C D E F G H I J K L M N O P Q R S T U V W X Y Z

die **Mitte**, die Mitten, mittlere, mitten, mittendrin, mittendurch
die **Mitteilung**, die Mitteilungen, mitteilen
das **Mittel**, die Mittel
das **Mittelalter**, mittelalterlich
das **Mittelmaß**, mittelmäßig
das **Mittelmeer**
der **Mittelpunkt**, die Mittelpunkte
die **Mitternacht**
mittlerweile
der **Mittwoch**, die Mittwoche, mittwochs, der Mittwochabend
mitunter
mixen, er mixt, der Mixer
das **Möbel**, die Möbel, möblieren
die **Mode**, die Moden, modern, modisch
das **Modell**, die Modelle, modellieren
der [das] **Modem**, die Modems
der **Moder**, modern (faulen)
das **Mofa**, die Mofas
mogeln, sie mogelt, die Mogelei
mögen, er mag, ich mochte, sie hat gemocht, ich möchte
möglich, die Möglichkeit
möglichst
der **Mohn**
die **Möhre**, die Möhren, die Mohrrübe
der **Molch**, die Molche
Moldawien [Republik Moldau], die Moldauer, moldauisch
die **Mole**, die Molen
die **Molkerei**, die Molkereien, die Molke
mollig
der **Moment**, die Momente, momentan
Monaco, die Monegassen, monegassisch
der **Monat**, die Monate, monatlich
der **Mönch**, die Mönche
der **Mond**, die Monde
die **Moneten** (Geld)
der **Monitor**, die Monitore
das **Monster**, die Monster
der **Monsun**, die Monsune
der **Montag**, die Montage, der Montagmorgen, montags
Montenegro, die Montenegriner, montenegrinisch
der **Monteur**, die Monteure, montieren, die Montage
das **Moor**, die Moore, moorig
das **Moos**, die Moose, moosig
das **Moped**, die Mopeds

der **Mops**, die Möpse
die **Moral**, moralisch
der **Morast**, morastig
der **Mord**, die Morde, morden, die Mörder
morgen, morgens, bis morgen, morgen früh
der **Morgen**, die Morgen, am Morgen, heute Morgen, guten Morgen
morsch
morsen, sie morst, das Morsealphabet
der **Mörtel**
das **Mosaik**, die Mosaiken [Mosaike]
die **Moschee**, die Moscheen
die **Mosel** (Fluss)
Moskau (Hauptstadt von Russland)
der **Moskito**, die Moskitos
der **Moslem**, die Moslems
der **Most**, die Moste, mosten
das **Motiv**, die Motive
der **Motor**, die Motoren
das **Motorrad**, die Motorräder
die **Motte**, die Motten
das **Motto**, die Mottos
motzen, sie motzt
das **Mountainbike** (Geländefahrrad), die Mountainbikes

die **Möwe**, die Möwen
die **Mücke**, die Mücken
mucksmäuschenstill
müde, die Müdigkeit
der **Muezzin**, die Muezzins
der **Muff**, muffig, der Muffel
der **Muffin**, die Muffins
die **Mühe**, die Mühen, mühsam
die **Mühle**, die Mühlen
die **Mulde**, die Mulden
der **Müll**, die Müllabfuhr, die Mülldeponie
die **Mullbinde**, die Mullbinden
der **Müller**, die Müller
multiplizieren, er multipliziert, die Multiplikation
die **Mumie**, die Mumien
der [die] **Mumps** (Krankheit)
München
der **Mund**, die Münder, mündlich
münden, sie mündet
die **Mundharmonika**, die Mundharmonikas
die **Mündung**, die Mündungen, münden
die **Munition**, die Munitionen
munkeln, er munkelt
munter, die Munterkeit
die **Münze**, die Münzen
mürbe [mürb]

die **Murmel**, die Murmeln
murmeln, er murmelt
das **Murmeltier**, die Murmeltiere
murren, sie murrt, mürrisch
das [der] **Mus**, das Apfelmus
die **Muschel**, die Muscheln
das **Museum**, die Museen
das **Musical**, die Musicals
die **Musik**, musizieren, die Musiker, musikalisch
der **Muskel**, die Muskeln, muskulös
das **Müsli**
der **Muslim** (Anhänger des Islams), die Muslime [Muslims], die Muslimin [Muslima], muslimisch
die **Muße**, müßig
müssen, er muss, ich musste, sie hat gemusst
das **Muster**, die Muster, mustern
der **Mut**, mutig, mutlos, mutwillig
die **Mutter** (Schraubenteil), die Muttern
die **Mutter**, die Mütter, mütterlich
die **Mütze**, die Mützen
die **Myrrhe** [Myrre] (aromatisches Harz)
mysteriös, mystisch

N

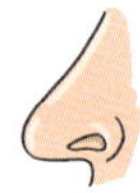

die **Nabe** (vom Rad), die Naben
der **Nabel**, die Nabel
nach, nach Hause [nachhause]
nachahmen, er ahmt sie nach
die **Nachbarin**, die Nachbarn, die Nachbarschaft
nachdem, je nachdem
nachdenken → *denken*, nachdenklich
nacheinander
die **Nacherzählung**, die Nacherzählungen
der **Nachfolger**, die Nachfolger
nachgeben → *geben*, nachgiebig
nachher, im Nachhinein
die **Nachhilfe**
der **Nachkomme**, die Nachkommen
nachlässig, die Nachlässigkeit
der **Nachmittag**, die Nachmittage, nachmittags
der **Nachname**, die Nachnamen
die **Nachricht**, die Nachrichten
nachschlagen → *schlagen*
der **Nachschub**, Nachschübe
die **Nachsicht**, nachsichtig,

nachsehen
die **Nachspeise**, die Nachspeisen
nächst, nächster, am nächsten, der nächste Tag, der Nächste, nächstens
die **Nacht**, die Nächte, heute Nacht, nachts, nächtlich
der **Nachteil**, die Nachteile, nachteilig
die **Nachtigall**, die Nachtigallen
der **Nachtisch**, die Nachtische
der **Nachtrag**, die Nachträge, nachträglich
nachtragend
der **Nachttisch**, die Nachttische
nachweisen → *weisen*, der Nachweis, nachweislich
der **Nachwuchs**
die **Nachzüglerin**, die Nachzügler
der **Nacken**, die Nacken
nackt [nackend]
die **Nadel**, die Nadeln, nadeln
der **Nagel**, die Nägel, nageln
nagen, er nagt, das Nagetier
nahe [nah], näher, am nächsten, die Nähe, sich nähern, nahezu
nähen, sie näht
die **Nahrung**, nähren, nahrhaft, die Nahrungsmittel, ernähren

die **Naht**, die Nähte
naiv, die Naivität
der **Name** [Namen], die Namen
nämlich
der **Napf**, die Näpfe
die **Narbe**, die Narben
die **Narkose**, die Narkosen
der **Narr**, die Narren, närrisch
die **Narzisse**, die Narzissen
naschen, er nascht
die **Nase**, die Nasen, das Näschen, das Nashorn
naseweis
nass, nasser [nässer], am nassesten [nässesten], nass machen, die Nässe
die **Nation**, die Nationen
national, die Nationalmannschaft
die **Natter**, die Nattern
die **Natur**, natürlich, der Naturschutz, die Naturwissenschaft
das **Naturell**, die Naturelle
navigieren, er navigiert, das Navigationsgerät [Navi]
der **Nebel**, die Nebel, neblig [nebelig]
neben, nebenher, nebst, nebenan, nebeneinander

A B C D E F G H I J K L M N O P Q R S T U V W X Y Z

die **Nebensache**, die Nebensachen, nebensächlich
der **Neckar** (Fluss)
necken, sie neckt
der **Neffe**, die Neffen
negativ (verneinend)
das **Negativ** (vom Film), die Negative
nehmen, er nimmt, ich nahm, sie hat genommen, nimm!
der **Neid**, neidisch, neiden
neigen, sie neigt, die Neigung
nein, Nein [nein] sagen
der **Nektar** (Blütensaft)
die **Nektarine**, die Nektarinen
die **Nelke**, die Nelken
nennen, er nennt, ich nannte, sie hat genannt
das **Neon**, das Neonlicht
der **Neptun** (Planet)
der **Nerv**, die Nerven, nervig
nervös, die Nervosität
die **Nessel**, die Nesseln
das **Nest**, die Nester
nett, netter, am nettesten, die Nettigkeit
netto, der Nettopreis
das **Netz**, die Netze
neu, etwas Neues, die Neuigkeit, neuerdings
die **Neugier** [Neugierde], neugierig
das **Neujahr**
neulich
neun, neunzehn, neunzig, neunmal, neun Uhr, die Neun, der Neuner
neutral, die Neutralität
nicht, der Nichtschwimmer
die **Nichte**, die Nichten
nichts, gar nichts
nicken, sie nickt
nie, nie mehr, nie wieder
nieder, die Niederlage, niedergeschlagen
die **Niederlande**, die Niederländer, niederländisch
Niedersachsen, die Niedersachsen, niedersächsisch
der **Niederschlag**, die Niederschläge
die **Niedertracht**, niederträchtig
niedlich
niedrig, die Niederung
niemals
niemand, niemanden
die **Niere**, die Nieren
nieseln, es nieselt, der Nieselregen
niesen, er niest

die Niete, die Nieten
der Nikolaus, die Nikolause
das Nikotin
das Nilpferd, die Nilpferde
nimmer (nicht mehr)
nippen, sie nippt
nirgends, nirgendwo
die Nische, die Nischen
nisten, er nistet
das Niveau, die Niveaus
die Nixe, die Nixen
nobel (edel)
noch, noch einmal, nochmals
der Nomade, die Nomaden
das Nomen (Namenwort), die Nomen [Nomina]
der Nominativ (1. Fall, Wer- oder was-Fall)
die Nonne, die Nonnen
der Nonsens (Unsinn)
nonstop (ohne Pause)
der Norden, nördlich, der Nordpol
Nordrhein-Westfalen, die Nordrhein-Westfalen, nordrhein-westfälisch
die Nordsee
nörgeln, sie nörgelt, die Nörgelei
normal, die Normalität
Norwegen, die Norweger, norwegisch
die Not, die Nöte, der Notruf
die Note, die Noten
notieren, er notiert
nötig, die Nötigung
die Notiz, die Notizen
notwendig, die Notwendigkeit
der November
der [das] Nu (sehr schnell), im Nu
nüchtern
nuckeln, sie nuckelt, der Nuckel
die Nudel, die Nudeln
der [das] Nugat [Nougat]
null, null Grad, die Null, die Nullen
die Nummer, die Nummern, nummerieren, die Nummerierung
nun, von nun an, nunmehr
nur
nuscheln, er nuschelt
die Nuss, die Nüsse
die Nüster, die Nüstern
der Nutzen
nützen [nutzen], sie nützt [nutzt]
nützlich
das Nylon, der Nylonstrumpf

A B C D E F G H I J K L M N O P Q R S T U V W X Y Z

O

die **Oase**, die Oasen
ob, obgleich
die **Obacht**, Obacht geben
obdachlos
die **O-Beine**, o-beinig
oben, obere, oberhalb
der **Ober** (Kellner), die Ober
die **Oberfläche**, die Oberflächen, oberflächlich
das **Oberhaupt**, die Oberhäupter
obgleich
das **Objekt**, die Objekte
die **Oblate**, die Oblaten
die **Oboe**, die Oboen
das **Obst**
obwohl
der **Ochse** [Ochs], die Ochsen
ocker, ockerfarbig
öd [öde]
oder
die **Oder** (Fluss)
der **Ofen**, die Öfen
offen, offensichtlich, die Offenheit
öffentlich, die Öffentlichkeit
offiziell
der **Offizier**, die Offiziere
öffnen, er öffnet, die Öffnung
oft, öfter, öfters, oftmals
ohne, ohne Weiteres, ohnedies
die **Ohnmacht**, die Ohnmachten, ohnmächtig
das **Ohr**, die Ohren, der Ohrring, ohrenbetäubend
okay [o.k. oder O.K.]
die **Ökologie**, ökologisch
der **Oktober**
das **Öl**, die Öle, ölen, ölig
die **Olive**, die Oliven
die **Olympiade**, die Olympiaden, die Olympischen Spiele, olympisch
die **Oma**, die Omas, Omi
das **Omelett**, die Omelette [Omeletts]
der **Omnibus**, die Omnibusse
der **Onkel**, die Onkel
online (Computerbegriff)
der **Opa**, die Opas, Opi
Open-Air-Konzert
die **Oper**, die Opern
die **Operation**, die Operationen, operieren
die **Operette**, die Operetten
das **Opfer**, die Opfer, opfern
die **Optik**, die Optikerin

optimal (bestmöglich)
der **Optimismus**, der Optimist, optimistisch
orange (Farbe)
die **Orange**, die Orangen
der **Orang-Utan** (Menschenaffe), die Orang-Utans
das **Orchester**, die Orchester
der **Orden**, die Orden
ordentlich
ordnen, sie ordnet, die Ordnung
der **Ordner**, die Ordner
das **Organ**, die Organe
die **Organisation**, die Organisationen, organisieren
die **Orgel**, die Orgeln, der Organist
der **Orient**, orientalisch
sich **orientieren**, er orientiert sich, die Orientierung
das **Original**, die Originale, originell
der **Orkan** (starker Sturm), die Orkane
der **Ort**, die Orte, die Ortschaft, örtlich
die **Orthografie** [Orthographie] (Rechtschreibung)

die **Öse**, die Ösen
Oslo (Hauptstadt von Norwegen)
der **Osten**, östlich
Ostern, österlich
Österreich, die Österreicher, österreichisch
die **Ostsee**
der **Otter**, die Otter
oval (eirund), das Oval
der **Overall** (einteiliger Anzug), die Overalls
der **Overheadprojektor**, die Overheadprojektoren
der **Ozean**, die Ozeane
der [das] **Ozon**, das Ozonloch

P

ein **paar** (einige), ein paar Steine, ein paarmal [paar Mal]
das **Paar** (zwei), ein Paar Socken
die **Paarung**, die Paarungen
die **Pacht**, die Pächterin, pachten
packen, sie packt, die Packung
der **Pädagoge**, die Pädagogen
paddeln, er paddelt, das Paddelboot

A B C D E F G H I J K L M N O P Q R S T U V W X Y Z

A B C D E F G H I J K L M N O P Q R S T U V W X Y Z

das **Pa|ket**, die Pakete, das Päckchen
der **Pa|last**, die Paläste
die **Pa|let|te**, die Paletten
die **Pal|me**, die Palmen, der Palmsonntag
die **Pam|pel|mu|se**, die Pampelmusen
der **Pan|da|bär**, die Pandabären
pa|nie|ren, er paniert, das Paniermehl
die **Pa|nik**, panisch
die **Pan|ne**, die Pannen
das **Pa|no|ra|ma** (Rundblick)
der **Pan|ther** [Panter], die Panther
der **Pan|tof|fel**, die Pantoffeln
die **Pan|to|mi|me** (Darstellen von Szenen ohne Worte)
der **Pan|zer**, die Panzer
der **Pa|pa**, die Papas, Papi
der **Pa|pa|gei**, die Papageien
das **Pa|pier**, die Papiere
die **Pap|pe**, die Pappen, das Pappmaschee
die **Pap|pel**, die Pappeln
pap|pig, pappen
der [die] **Pa|pri|ka**, die Paprikas
der **Papst**, die Päpste
das **Pa|ra|dies**, die Paradiese, paradiesisch

der **Pa|ra|graf** [§, Paragraph], die Paragrafen
pa|ral|lel, die Parallele
der **Pa|ra|sit**, die Parasiten
pa|rat (bereit, fertig)
das **Pär|chen**, die Pärchen
der **Par|cours** (Hindernisbahn), die Parcours
das **Par|füm**, die Parfüms
pa|rie|ren, er pariert
Pa|ris (Hauptstadt von Frankreich)
der **Park**, die Parks
par|ken, sie parkt, der Parkplatz
das **Par|kett**, die Parkette [Parketts]
das **Par|la|ment**, die Parlamente, parlamentarisch
die **Pa|ro|le**, die Parolen
die **Par|tei**, die Parteien, parteiisch
das **Par|ter|re** (Erdgeschoss)
der **Part|ner**, die Partner, die Partnerin
die **Par|ty**, die Partys
der **Pass**, die Pässe
pas|sa|bel (annehmbar)
die **Pas|sa|ge** (Durchgang), die Passagen
der **Pas|sa|gier**, die Passagiere
der **Pas|sant** (Fußgänger), die Passanten
pas|sen, es passt

passieren, es passiert
passiv, die Passivität
die Pasta (Nudeln)
die Paste, die Pasten, die Zahnpasta
die Pastete, die Pasteten
die Pastorin, die Pastoren, der Pastor
der Pate, die Paten, die Patenschaft
das Patent, die Patente, patent sein
der Pater, die Pater [Patres]
der Patient, die Patienten
die Patrone, die Patronen
der Patzer, die Patzer
die Pauke, die Pauken
die Pause, die Pausen, pausieren, pausenlos
pausen, sie paust, das Pauspapier
der Pavian, die Paviane
der Pavillon, die Pavillons
der Pazifik [Pazifischer Ozean]
der PC, die PCs [PC] [Personalcomputer]
das Pech
das Pedal, die Pedale
der Pegel, die Pegel
peilen, er peilt
die Pein, peinigen, der Peiniger
peinlich
die Peitsche, die Peitschen, peitschen
die Pelle, die Pellen, pellen
der Pelz, die Pelze, pelzig
das Pendel, die Pendel, pendeln, die Pendlerin
der Penis, die Penisse
die Pension, die Pensionen
perfekt, die Perfektion
das Pergament, das Pergamentpapier
die Periode, die Perioden
die Perle, die Perlen, perlen
die Person, die Personen, persönlich, das Personal, die Persönlichkeit
die Perücke, die Perücken
der Pessimismus, die Pessimistin, pessimistisch
die Pest (Krankheit, Seuche)
die Petersilie, die Petersilien
das Petroleum
petzen, sie petzt
der Pfad, die Pfade, die Pfadfinder
der Pfahl, die Pfähle
die Pfalz, die Pfälzer, pfälzisch
das Pfand, die Pfänder, pfänden
die Pfanne, die Pfannen, der Pfannkuchen

A B C D E F G H I J K L M N O P Q R S T U V W X Y Z

die **Pfarrerin**, die Pfarrer, der Pfarrer, die Pfarrei
der **Pfau**, die Pfaue [Pfauen]
der **Pfeffer** (Gewürz), pfeffern
die **Pfefferminze**
die **Pfeife**, die Pfeifen
pfeifen, er pfeift, ich pfiff, sie hat gepfiffen
der **Pfeil**, die Pfeile
der **Pfeiler**, die Pfeiler
das **Pferd**, die Pferde
der **Pfiff**, die Pfiffe
der **Pfifferling**, die Pfifferlinge
pfiffig
Pfingsten
der **Pfirsich**, die Pfirsiche
die **Pflanze**, die Pflanzen, das Pflänzchen, pflanzen
das **Pflaster**, die Pflaster, pflastern
die **Pflaume**, die Pflaumen
pflegen, sie pflegt, die Pflege, der Pfleger
die **Pflicht**, die Pflichten, pflichtbewusst
pflücken, er pflückt
der **Pflug**, die Pflüge, den Acker pflügen
die **Pforte**, die Pforten, die Pförtnerin
der **Pfosten**, die Pfosten
die **Pfote**, die Pfoten, das Pfötchen
der **Pfropfen**, die Pfropfen, aufpfropfen
pfui!
das **Pfund** [Pfd.], die Pfunde
pfuschen, sie pfuscht, der Pfusch, die Pfuscherei
die **Pfütze**, die Pfützen
die **Phantasie** → Fantasie
das **Phantom**, die Phantome
der **Pharao** (altägyptischer König), die Pharaonen
der **Philosoph**, die Philosophen, philosophieren
die **Physik**, physikalisch
die **Pianistin**, die Pianisten, das Piano
der **Pickel**, die Pickel
picken, es pickt
das **Picknick**, die Picknicke [Picknicks], picknicken
piepen, es piept
piepsen, es piepst
piercen, sie pierct, das Piercing
pikant (scharf)
piken [piksen], es pikt [pikst]
die **Pille**, die Pillen
der **Pilot**, die Piloten
der **Pilz**, die Pilze
der **Pinguin**, die Pinguine

pink (rosa)
die **Pinnwand**, die Pinnwände
der **Pinsel**, die Pinsel, pinseln
die **Pinzette**, die Pinzetten
die **Piratin**, die Piraten
pirschen, er pirscht, anpirschen, die Pirsch
die **Piste**, die Pisten
die **Pistole**, die Pistolen
pitschnass
die **Pizza**, die Pizzas [Pizzen], die Pizzeria
der **Pkw** [PKW] (Personenkraftwagen), die Pkws [Pkw]
die **Plage**, die Plagen, plagen
das **Plakat**, die Plakate, plakatieren
die **Plakette**, die Plaketten
der **Plan**, die Pläne, planen, planmäßig
die **Plane** (Decke), die Planen
der **Planet**, die Planeten
planieren, er planiert, die Planierraupe
die **Planke**, die Planken
planschen [plantschen], sie planscht,das Planschbecken
die **Plantage**, die Plantagen
plappern, er plappert
plärren, sie plärrt
das **Plastik** (Kunststoff), die Plastiktüte
das **Plastilin** (Knetmasse)
plätschern, es plätschert
platt, plätten, der Plattfuß
das **Platt** (Dialekt)
die **Platte**, die Platten
der **Platz**, die Plätze, das Plätzchen
platzen, er platzt
plaudern, sie plaudert, die Plauderei
plausibel
das **Play-back** [Playback]
pleite, er ist pleite, die Pleite
die **Plombe** (Zahnfüllung), die Plomben, plombieren
plötzlich
plump
plumpsen, er plumpst
der **Plunder**
plündern, sie plündert, die Plünderung, die Plünderer
der **Plural** (Mehrzahl)
plus, das Pluszeichen
der **Pluto** (Zwergplanet)
pochen, es pocht
die **Pocke**, die Pocken
das **Podest**, die Podeste
die **Poesie** (Dichtung), das Poesiealbum, poetisch
der **Pokal**, die Pokale

der **Pol**, die Pole, der Südpol
Polen, die Polen, polnisch
polieren, er poliert, die Politur
die **Politesse**, die Politessen
die **Politik**, die Politiker, politisch
die **Polizei**, polizeilich
der **Polizist**, die Polizisten, die Polizistin
der **Pollen** (Blütenstaub), die Pollen
das **Polster**, die Polster, polstern
poltern, sie poltert, der Polterabend
die **Pommes frites** [Pommes]
das **Pony**, die Ponys
der **Pool** (Schwimmbecken), die Pools
das **Popcorn**
die **Popmusik**, die Popstars
der **Popo** [Po], die Popos
populär (beliebt)
die **Pore**, die Poren, porös
das **Portal**, die Portale
das **Portemonnaie** (Geldbeutel) [Portmonee], die Portemonnaies
der **Portier** (Pförtner), die Portiers
die **Portion**, die Portionen
das **Porto**, die Portos [Porti], Briefporto
das **Porträt**, die Porträts
Portugal, die Portugiesen, portugiesisch
das **Porzellan**, die Porzellane
die **Posaune**, die Posaunen
positiv
die **Post**, der Postbote, die Postleitzahl
der **Posten**, die Posten
das [der] **Poster**, die Poster [Posters]
Potsdam
die **Pracht**, prächtig
das **Prädikat**, die Prädikate
Prag (Hauptstadt der Tschechischen Republik)
prägen, er prägt
prahlen, sie prahlt
praktisch, das Praktikum
die **Praline**, die Pralinen
prall, der pralle Sack
prallen, er prallt, der Aufprall
die **Prämie**, die Prämien
die **Pranke**, die Pranken
die **Präposition** (Verhältniswort), die Präpositionen
die **Prärie**, die Prärien
das **Präsens** (Gegenwart)
der **Präsident**, die Präsidenten, die Präsidentin
prasseln, es prasselt
das **Präteritum** (Vergangenheit)

die **Pra|xis**, die Praxen, die Arztpraxis
prä|zis [präzise]
pre|di|gen, er predigt, die Predigt
der **Preis**, die Preise, preiswert
die **Prei|sel|bee|re**, die Preiselbeeren
prel|len, sie prellt, die Prellung
die **Pre|mi|e|re**, die Premieren
die **Pres|se**
pres|sen, er presst
pri|ckeln, es prickelt, prickelnd
der **Pries|ter**, die Priester, die Priesterin
pri|ma
die **Pri|mel**, die Primeln
pri|mi|tiv (einfach)
die **Prin|zes|sin**, die Prinzessinnen, der Prinz
das **Prin|zip**, die Prinzipien
pri|vat
pro, pro Stück
die **Pro|be**, die Proben, proben
pro|bie|ren, sie probiert
das **Prob|lem**, die Probleme, problematisch
das **Pro|dukt**, die Produkte, die Produktion, produzieren
die **Pro|fes|so|rin**, die Professoren, der Professor
der **Pro|fi**, die Profis
das **Pro|fil**, die Profile
das **Pro|gramm**, die Programme, programmieren
das **Pro|jekt**, die Projekte
der **Pro|jek|tor**, die Projektoren, projizieren
pro|mi|nent
prompt (sofort)
das **Pro|no|men** (Fürwort), die Pronomen
der **Pro|pel|ler**, die Propeller
der **Pro|phet**, die Propheten, prophezeien (voraussagen)
pro|sit! [prost!]
der [das] **Pro|s|pekt**, die Prospekte
der **Pro|test**, die Proteste, protestieren
der **Pro|tes|tant**, die Protestanten, protestantisch
die **Pro|the|se**, die Prothesen
das **Pro|to|koll**, die Protokolle
prot|zen, er protzt
der **Pro|vi|ant** (Verpflegung)
die **Pro|vinz**, die Provinzen
das **Pro|zent** [%], die Prozente
der **Pro|zess**, die Prozesse
die **Pro|zes|si|on**, die Prozessionen
prü|fen, sie prüft, die Prüfung

prügeln, er prügelt, die Prügel, die Prügelei
der **Prunk**, prunkvoll
prusten, sie prustet
der **Psalm**, die Psalmen
die **Psyche**, die Psychen, die Psychologin
die **Pubertät**
das **Publikum**
der **Puck**, die Pucks
der **Pudding**, die Puddinge [Puddings]
der **Pudel**, die Pudel, pudelwohl, pudelnass
der [das] **Puder**, die Puder, pudern
der **Puffer**, die Puffer
der **Pulli**, die Pullis
der **Pullover**, die Pullover
der **Puls**, die Pulse, pulsieren
das **Pult**, die Pulte
das **Pulver**, die Pulver
der **Puma**, die Pumas
pummelig [pummlig]
die **Pumpe**, die Pumpen, pumpen
der **Punkt**, die Punkte
pünktlich, die Pünktlichkeit
die **Pupille**, die Pupillen
die **Puppe**, die Puppen, das Püppchen
pur (rein, unverfälscht)
das **Püree**, die Pürees
der **Purpur** (Farbstoff), purpurrot
purzeln, sie purzelt
pusten, er pustet, die Puste
die **Pute**, die Puten
putzen, sie putzt, das Putzmittel, der Putz
putzig (drollig)
das **Puzzle** (Legespiel), die Puzzles, puzzeln
der **Pyjama**, die Pyjamas
die **Pyramide**, die Pyramiden

Qu

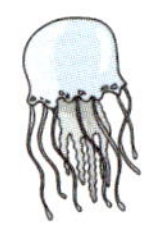

der **Quader**, die Quader
das **Quadrat**, die Quadrate, quadratisch
quaken, er quakt
quälen, sie quält, die Qual, quälend
die **Qualifikation**, die Qualifikationen, qualifizieren
die **Qualität**, die Qualitäten, qualitativ
die **Qualle**, die Quallen

der **Qualm**, qualmen

der **Quark**

das **Quartal**, die Quartale

das **Quartett**, die Quartette

das **Quartier**, die Quartiere

der **Quarz**, die Quarze, der Quarzstein

quasi (sozusagen, so gut wie)

quasseln, er quasselt

der **Quatsch**, quatschen

das **Quecksilber**

die **Quelle**, die Quellen

quellen, es quillt, es quoll, es ist gequollen

quengeln, sie quengelt

quer, der Querschnitt, die Querflöte, querfeldein

quetschen, er quetscht, die Quetschung

quicklebendig

quieken [quieksen], es quiekt [quiekst]

quietschen, es quietscht

der **Quirl**, die Quirle, quirlen, quirlig

die **Quitte**, die Quitten

die **Quittung**, die Quittungen, quittieren, quitt sein

das **Quiz**, die Quiz, die Quizshow

die **Quote**, die Quoten

der **Quotient**, die Quotienten

R

der **Rabatt**, die Rabatte

der **Rabauke**, die Rabauken

der **Rabbiner**, die Rabbiner

der **Rabe**, die Raben

rabiat (wütend, grob)

die **Rache**, rächen, der Rächer

der **Rachen**, die Rachen

das **Rad**, die Räder, die Radfahrer, Rad fahren, Vergleich: → Rat

das [der] **Radar**

der **Radau** (Lärm, Krach)

radieren, sie radiert, der Radierer, der Radiergummi

das **Radieschen**, die Radieschen

radikal

das **Radio**, die Radios

die **Radioaktivität**, radioaktiv

der **Radius**, die Radien

raffen, er rafft, raffgierig

raffiniert, die Raffinesse

ragen, es ragt

das **Ragout** (Speise), die Ragouts

der **Rahm** (Sahne)

der **Rahmen**, die Rahmen, rahmen, einrahmen

die **Rakete**, die Raketen
die **Rallye** [Rally], die Rallyes [Rallys]
der **Ramadan** (Fastenmonat der Moslems)
rammen, sie rammt
die **Rampe**, die Rampen
ramschen, er ramscht, der Ramsch
der **Rand**, die Ränder
randalieren, sie randaliert
der **Rang**, die Ränge
rangeln, sie rangelt, die Rangelei
rangieren, er rangiert, die Rangierlok
rank (schlank)
die **Ranke**, die Ranken, ranken
der **Ranzen**, die Ranzen
ranzig, ranziges Öl
der **Rap** (Sprechgesang), die Raps, die Rapper
rapid [rapide] (sehr schnell)
der **Rappe**, die Rappen
der **Raps**, das Rapsöl
rar (selten), die Rarität
rasant (sehr schnell)
rasch, rascher, am raschesten
rascheln, er raschelt
rasen, sie rast, rasend
der **Rasen**, die Rasen, der Rasenmäher
rasieren, er rasiert, der Rasierapparat
raspeln, sie raspelt, die Raspel (Werkzeug)
die **Rasse**, die Rassen
rasseln, er rasselt, die Rassel
rasten, sie rastet, die Rast, die Raststätte
der **Rat**, die Ratschläge, das Rathaus, Vergleich: → Rad
die **Rate** (Teilzahlung), die Raten
raten, er rät, ich riet, sie hat geraten, ratsam
die **Ration** (Anteil), die Rationen
das **Rätsel**, die Rätsel, rätseln
die **Ratte**, die Ratten
rattern, sie rattert
rau, rauer, am rauesten [rausten], der Raureif
der **Raub**, rauben, die Räuber, das Raubtier
der **Rauch**, rauchen, die Raucher, rauchig
räuchern, sie räuchert
rauf, herauf
raufen, er rauft, die Rauferei
der **Raum**, die Räume,

die Raumfahrt, das Raumschiff
räumen, sie räumt
das Raunen, raunen
die Raupe, die Raupen
raus, heraus
der Rausch, die Räusche, das Rauschgift
rauschen, es rauscht
sich räuspern, er räuspert sich
die Raute, die Rauten
die Ravioli (Nudelgericht)
die Razzia, die Razzien
reagieren, sie reagiert, die Reaktion
real, die Realität
die Realschule, die Realschulen
die Rebe, die Reben
der Rechen (Harke), die Rechen, rechen
rechnen, er rechnet, die Rechnung
recht, erst recht, das ist mir recht
das Recht, die Rechte, die Rechtsanwältin
das Rechteck, die Rechtecke, rechteckig
rechtfertigen, er rechtfertigt, die Rechtfertigung
rechts, rechtshändig, das rechte Ohr, rechtsherum
die Rechtschreibung
rechtzeitig
das Reck, die Recke [Recks]
recken, sie reckt sich
das Recycling (Wiederverwertung)
die Rede, die Reden, reden
redlich, die Redlichkeit
das Referat, die Referate
reflektieren, es reflektiert
die Reform, die Reformen, die Reformation, reformieren
der Refrain (Kehrreim), die Refrains
das Regal, die Regale
die Regatta, die Regatten
rege, geistig rege sein
die Regel, die Regeln, die Regelung, regelmäßig, regelrecht
regen, er regt sich, die Regung
der Regen, regnen, der Regenmantel, regnerisch
die Regierung, die Regierungen, regieren
der Regisseur, die Regisseure, die Filmregisseurin
das Reh, die Rehe, der Rehbock, das Rehkitz
reiben, sie reibt, ich rieb, er hat gerieben, die Reibung

A B C D E F G H I J K L M N O P Q R S T U V W X Y Z

reich, der Reichtum, die Reichen, reichlich, reichhaltig
das **Reich**, die Reiche, das Königreich
reichen, er reicht den Teller, es reicht ihr, ausreichen
reif, reifes Obst, reifen, die Reife
der **Reif**, der Raureif
der **Reif**, die Reife, der Armreif
der **Reifen**, die Reifen
der **Reigen**, die Reigen
die **Reihe**, die Reihen, reihen, reihum, die Reihenfolge
der **Reiher** (Vogel), die Reiher
der **Reim**, die Reime, reimen
rein, reinigen, die Reinheit, die Reinigung
rein, herein
der **Reis**, das Reiskorn
reisen, sie reist, die Reise
das **Reisig**
reißen, er reißt, ich riss, sie hat gerissen, der Reißverschluss, der Riss
reiten, sie reitet, ich ritt, er ist [hat] geritten, die Reiterin
reizen, er reizt, reizend, der Reiz, gereizt
sich **rekeln** [räkeln], sie rekelt sich

die **Reklame**, die Reklamen
reklamieren, er reklamiert, die Reklamation
der **Rekord**, die Rekorde
der **Rekorder** [Recorder], der Rekorder, der DVD-Rekorder
der **Rektor**, die Rektoren, die Rektorin
relativ (vergleichsweise)
die **Religion**, die Religionen, religiös
die **Reling**, die Relings
die **Reliquie**, die Reliquien
rempeln, er rempelt, die Rempelei
rennen, sie rennt, ich rannte, er ist gerannt, das Rennen
renovieren, er renoviert, die Renovierung
die **Rente**, die Renten, die Rentner
das **Rentier**, die Rentiere
sich **rentieren**, es rentiert sich
reparieren, sie repariert, die Reparatur
die **Reporterin**, die Reporter, die Reportage
das **Reptil**, die Reptilien
die **Republik**, die Republiken
die **Reserve**, die Reserven
reservieren, er reserviert

re|si|gnie|ren (aufgeben), sie resigniert, die Resignation
re|sis|tent (widerstandsfähig)
der **Re|spekt**, respektieren
der **Rest**, die Reste
das **Re|stau|rant**, die Restaurants
das **Re|sul|tat**, die Resultate
re|tour (zurück)
ret|ten, sie rettet, die Retter, die Rettung
der **Ret|tich**, die Rettiche
die **Reue**, bereuen, reumütig
das **Re|vier**, die Reviere
die **Re|vo|lu|ti|on**, die Revolutionen, die Revolutionäre
der **Re|vol|ver**, die Revolver
Reyk|ja|vík (Hauptstadt von Island)
das **Re|zept**, die Rezepte
der **Rha|bar|ber**
der **Rhein** (Fluss)
das **Rhein|land**, die Rheinländer, rheinländisch
Rhein|land-Pfalz, die Rheinland-Pfälzer, rheinland-pfälzisch
das **Rheu|ma**, rheumatisch
der **Rhyth|mus**, die Rhythmen, rhythmisch
der **Rich|ter**, die Richter, die Richterin, richten

rich|tig, die Richtigkeit
die **Rich|tung**, die Richtungen
rie|chen, sie riecht, ich roch, er hat gerochen, der Geruch
die **Rie|ge**, die Riegen
der **Rie|gel**, die Riegel
der **Rie|men**, die Riemen
der **Rie|se**, die Riesen, riesig, riesengroß
rie|seln, es rieselt
das **Riff**, die Riffe
Ri|ga (Hauptstadt von Lettland)
ri|go|ros
die **Ril|le**, die Rillen
das **Rind**, die Rinder
die **Rin|de**, die Rinden
der **Ring**, die Ringe
rin|gen, er ringt, ich rang, sie hat gerungen, der Ringer, der Ringkampf
rings, ringsherum
die **Rin|ne**, die Rinnen
rin|nen, es rinnt, es rann, es ist geronnen, das Rinnsal
die **Rip|pe**, die Rippen
das **Ri|si|ko**, die Risiken [Risikos]
ris|kie|ren, sie riskiert, riskant
der **Riss**, die Risse, rissig
der **Ritt**, die Ritte, rittlings
der **Rit|ter**, die Ritter, ritterlich

das **Ritual**, die Rituale [Ritualien], rituell, der Ritus
ritzen, er ritzt, die Ritze
die **Rivalin**, die Rivalen, der Rivale
die **Robbe**, die Robben
der **Roboter**, die Roboter
robust (widerstandsfähig)
röcheln, sie röchelt
der **Rochen** (Fisch), die Rochen
der **Rock**, die Röcke
der **Rock**, die Rocker, die Rockmusik
rodeln, er rodelt, der Rodel, die Rodelbahn
roden, sie rodet
der **Roggen**
roh, die Rohheit
das **Rohr**, die Rohre
die **Röhre**, die Röhren
der **Rohstoff**, die Rohstoffe
die **Rolle**, die Rollen
rollen, er rollt, der Roller, der Rollstuhl
der **Rollladen**, die Rollläden [Rollladen]
das **Rollo**, die Rollos
Rom (Hauptstadt von Italien), die Römer, römisch
der **Roman**, die Romane
romantisch, die Romantik

röntgen, sie röntgt, das Röntgenbild
rosa, rosig
die **Rose**, die Rosen
die **Rosine**, die Rosinen
der **Rosmarin**
das **Ross** (Pferd), die Rosse [Rösser]
rosten, es rostet, rostiges Eisen, der Rost
rösten, er röstet, geröstete Mandeln
die **Rösti** (Kartoffelgericht)
rot, rötlich, das Rotkehlchen, das Rotkäppchen
die **Röteln** (Krankheit)
der **Rotz**, die Rotznase
die **Roulade**, die Rouladen
die **Route**, die Routen (Wegplan)
die **Routine**, die Routinen, routiniert
der **Rowdy** (gewalttätiger Mensch), die Rowdys
rubbeln, sie rubbelt
die **Rübe**, die Rüben
der **Ruck**, die Rucke, ruckartig
rücken, er rückt
der **Rücken**, die Rücken, das Rückgrat, der Rückenwind
die **Rückfahrt**, die Rückfahrten,

die Rückfahrkarte
die **Rück|kehr**
das **Rück|licht**, die Rücklichter
der **Ruck|sack**, die Rucksäcke
die **Rück|sicht**, die Rücksichten, rücksichtslos
der **Rück|sitz**, die Rücksitze
der **Rück|strah|ler**, die Rückstrahler
rück|wärts, rückwärtsfahren
der **Rück|zie|her**, die Rückzieher
der **Rü|de**, die Rüden
das **Ru|del**, die Rudel
ru|dern, sie rudert, das Ruder, die Ruderer
ru|fen, er ruft, ich rief, sie hat gerufen, der Ruf
das **Rug|by** (Ballspiel)
die **Rü|ge**, die Rügen, rügen
die **Ru|he**, ruhen, ruhig
der **Ruhm**, rühmen, berühmt
die **Ruhr** (Fluss), das Ruhrgebiet
rüh|ren, sie rührt, rührend, die Rührung, das Rührei
der **Ru|in**, ruinieren
die **Ru|i|ne**, die Ruinen, die Burgruine, ruinieren, der Ruin
rülp|sen, er rülpst, der Rülpser
rum, herum, rumstehen
der **Rum** (Branntwein)
Ru|mä|ni|en, die Rumänen, rumänisch
der **Rum|mel**, der Rummelplatz
ru|mo|ren, es rumort
rum|peln, es rumpelt, das Rumpelstilzchen
der **Rumpf**, die Rümpfe
rümp|fen, sie rümpft die Nase
rund, die Runde, die Rundung, rundlich, rundherum, runden
der **Rund|funk**
run|ter, herunter, runterhüpfen
die **Run|zel**, die Runzeln, runzeln, runzelig [runzlig]
der **Rü|pel**, die Rüpel, rüpelhaft
rup|fen, sie rupft
rup|pig, die Ruppigkeit
der **Ruß**, rußen, rußig
der **Rüs|sel**, die Rüssel
Russ|land, die Russen, russisch
rüs|ten, er rüstet
rüs|tig
rus|ti|kal
die **Rüs|tung**, die Rüstungen
die **Ru|te**, die Ruten
die **Rut|sche**, die Rutschen, rutschen, rutschig
rüt|teln, sie rüttelt

S

der **Saal**, die Säle
Saarbrücken
das **Saarland**, die Saarländer, saarländisch
die **Saat**, die Saaten, säen
der **Sabbat** (jüdischer Feiertag), die Sabbate
sabbern, er sabbert
der **Säbel**, die Säbel, säbeln
die **Sache**, die Sachen, sachlich
die **Sachkunde**, der Sachunterricht
Sachsen, die Sachsen, sächsisch
Sachsen-Anhalt, die Sachsen-Anhalter, sachsen-anhaltisch
sacht, sachte
der **Sack**, die Säcke, die Sackgasse
säen, sie sät, die Saat
die **Safari**, die Safaris
der [das] **Safe** (Tresor), die Safes
der **Saft**, die Säfte, saftig
die **Sage**, die Sagen, sagenhaft
sagen, sie sagt
sägen, er sägt, die Säge
die **Sahara**
die **Sahne**, sahnig
die **Saison**, die Saisons
die **Saite** (beim Musikinstrument), die Saiten, Vergleich: → Seite
das **Sakrament**, die Sakramente
die **Sakristei**
der **Salamander**, die Salamander
die **Salami**, die Salami [Salamis]
der **Salat**, die Salate
die **Salbe**, die Salben, salben
der **Salto**, die Saltos [Salti]
das **Salz**, die Salze, salzen, salzig
der **Samen** [Same], die Samen
sammeln, sie sammelt, die Sammler, die Sammlung
der **Samstag**, die Samstage, am Samstag, samstags
der **Samt**, der Samtmantel
sämtlich, samt, allesamt
das **Sanatorium** (Heilanstalt), die Sanatorien
der **Sand**, die Sande, sandig
die **Sandale**, die Sandalen
der [das] **Sandwich** (belegtes Weißbrot), die Sandwiches [Sandwichs]
sanft, sanftmütig
die **Sänfte**, die Sänften
der **Sänger**, die Sänger,

die Sängerin
die **Sanitäterin**, die Sanitäter
Sankt [St.], Sankt Martin
Sarajevo (Hauptstadt von Bosnien-Herzegowina)
die **Sardine**, die Sardinen
der **Sarg**, die Särge
der **Satan** (Teufel), satanisch
der **Satellit**, die Satelliten
satt, sättigen, sich satt essen
der **Sattel**, die Sättel, das Pferd satteln
der **Saturn** (Planet)
der **Satz**, die Sätze, das Satzglied
die **Sau**, die Säue [Sauen]
sauber, säubern, die Sauberkeit
sauer, saurer, am sauersten, die Säure, das Sauerkraut
der **Sauerstoff**
saufen, er säuft, ich soff, sie hat gesoffen, die Säufer
saugen, sie saugt, ich sog [saugte], er hat gesogen [gesaugt], der Sauger
säugen, sie säugt, das Säugetier, der Säugling
die **Säule**, die Säulen
der **Saum**, die Säume, säumen
die **Sauna**, die Saunas [Saunen]

die **Säure**, die Säuren
der **Saurier**, die Saurier
sausen, er saust
das **Saxofon** [Saxophon], die Saxofone
die **S-Bahn** (Schnellbahn), die S-Bahnen
der **Scanner**, die Scanner
schaben, er schabt, der Schaber
der **Schabernack**, die Schabernacke
schäbig
die **Schablone**, die Schablonen
das **Schach**, schachmatt, das Schachspiel
der **Schacht**, die Schächte
die **Schachtel**, die Schachteln
schade, es ist schade
der **Schädel**, die Schädel
der **Schaden**, die Schäden, schadenfroh, schaden, schädigen
schädlich, der Schädling
das **Schaf**, die Schafe, die Schäfer, der Schäferhund
schaffen, sie schafft
der **Schaffner**, die Schaffner
der **Schal**, die Schals [Schale]
die **Schale**, die Schalen

A B C D E F G H I J K L M N O P Q R S T U V W X Y Z

schälen, er schält
der **Schall**, schallen
schalten, sie schaltet
der **Schalter**, die Schalter
das **Schaltjahr**
die **Scham**, sich schämen, schamlos
die **Schande**, schändlich
die **Schanze**, die Schanzen, die Sprungschanze
die **Schar**, die Scharen, scharenweise
scharf, schärfer, am schärfsten, schärfen, die Schärfe, scharfsinnig
der **Scharlach** (Krankheit)
das **Scharnier**, die Scharniere
scharren, sie scharrt
das [der] **Schaschlik**, die Schaschliks
der **Schatten**, die Schatten, schattig
der **Schatz**, die Schätze
schätzen, er schätzt, die Schätzung
schauen, sie schaut, die Schau, das Schaufenster
der **Schauer**, die Schauer, der Regenschauer
die **Schaufel**, die Schaufeln, schaufeln
die **Schaukel**, die Schaukeln, das Schaukelpferd
schaukeln, er schaukelt
der **Schaum**, die Schäume, schäumen
schaurig, schauerlich, der Schauer
das **Schauspiel**, die Schauspiele, die Schauspieler
der **Scheck**, die Schecks
scheckig (gefleckt)
die **Scheibe**, die Scheiben, der Scheibenwischer
der **Scheich**, die Scheiche [Scheichs]
die **Scheide**, die Scheiden
scheiden, sie scheidet, ich schied, er hat geschieden, die Scheidung
der **Schein**, die Scheine, der Scheinwerfer
scheinbar, anscheinend, scheinheilig
scheinen, sie scheint, sie schien, sie hat geschienen
der **Scheit**, die Scheite, der Scheiterhaufen
der **Scheitel**, die Scheitel
scheitern, er scheitert

die **Schelle**, die Schellen,
schellen, sie schellt
der **Schelm**, die Schelme
schelten, sie schilt, ich schalt, er hat gescholten, die Schelte
der **Schemel**, die Schemel
der **Schenkel**, die Schenkel
schenken, er schenkt, das Geschenk
scheppern, es scheppert
die **Scherbe**, die Scherben
die **Schere**, die Scheren, scheren
die **Schererei**, die Scherereien
der **Scherz**, die Scherze, scherzen, scherzhaft
scheu, scheuer, am scheuesten, die Scheu
scheuchen, sie scheucht
scheuen, er scheut sich
scheuern, sie scheuert, das Scheuertuch
die **Scheune**, die Scheunen
das **Scheusal**, die Scheusale
scheußlich
der **Schi** → Ski
die **Schicht**, die Schichten
schick
schicken, er schickt
das **Schicksal**, die Schicksale
schieben, sie schiebt, ich schob, er hat geschoben, der Schieber
die **Schiedsrichterin**, die Schiedsrichter
schief
der **Schiefer** (Gestein)
schielen, er schielt
das **Schienbein**, die Schienbeine
die **Schiene**, die Schienen
schießen, er schießt, ich schoss, sie hat geschossen, der Schuss
das **Schiff**, die Schiffe, die Schifffahrt, der Schiffbruch, schiffbar
die **Schikane**, die Schikanen, schikanieren
das **Schild** (Hinweis), die Schilder
der **Schild** (Schutz), die Schilde
schildern, er schildert, die Schilderung
die **Schildkröte**, die Schildkröten
das **Schilf**, die Schilfe
schillern, es schillert
der **Schimmel** (Pilz), schimmeln, schimmlig [schimmelig]
der **Schimmel** (weißes Pferd), die Schimmel
schimmern, es schimmert, der Schimmer

der **Schimpanse**, die Schimpansen
schimpfen, sie schimpft
schinden, er schindet sich
der **Schinken**, die Schinken
die **Schippe**, die Schippen, schippen
der **Schirm**, die Schirme
schlabbern, es schlabbert
die **Schlacht**, die Schlachten
schlachten, sie schlachtet, die Schlachterei, der Schlachter
die **Schlacke**, die Schlacken
die **Schläfe**, die Schläfen
schlafen, sie schläft, ich schlief, er hat geschlafen, der Schlaf, schläfrig
schlaff
der **Schlag**, die Schläge, die Schlagzeile
schlagen, er schlägt, ich schlug, sie hat geschlagen, die Schlägerei
der **Schlager**, die Schlager, die Schlagersänger
schlagfertig
der [das] **Schlamassel**
der **Schlamm**, die Schlämme [Schlamme], schlammig
schlampig, die Schlamperei
die **Schlange**, die Schlangen, sich schlängeln
schlank
schlapp, die Schlappe
das **Schlaraffenland**
schlau, die Schlauheit, die Schläue
der **Schlauch**, die Schläuche
die **Schlaufe**, die Schlaufen
schlecht, schlechter, am schlechtesten, die Schlechtigkeit
schlecken, sie schleckt, die Schleckerei
schleichen, er schleicht, ich schlich, sie ist geschlichen
der **Schleier**, die Schleier, schleierhaft
die **Schleife**, die Schleifen
schleifen, er schleift, ich schliff, sie hat geschliffen, der Schliff
der **Schleim**, die Schleime, schleimig
schlemmen, sie schlemmt
schlendern, er schlendert, der Schlendrian
schlenkern, sie schlenkert
schleppen, er schleppt, der Schlepper, die Schleppe

Schle|si|en, die Schlesier, schlesisch
Schles|wig-Hol|stein, die Schleswig-Holsteiner, schleswig-holsteinisch
schleu|dern, er schleudert
schleu|nig, schleunigst
die Schleu|se, die Schleusen, schleusen
schlicht, die Schlichtheit
schlich|ten, er schlichtet, die Schlichtung
der Schlick (Schlamm)
schlie|ßen, sie schließt, ich schloss, er hat geschlossen
schließ|lich
schlimm, schlimmstenfalls
die Schlin|ge, die Schlingen
der Schlin|gel, die Schlingel
schlin|gen, er schlingt, ich schlang, sie hat geschlungen
der Schlips, die Schlipse
der Schlit|ten, die Schlitten
schlit|tern, sie schlittert
der Schlitt|schuh, die Schlittschuhe
der Schlitz, die Schlitze
das Schloss, die Schlösser
die Schlos|se|rin, die Schlosser, die Schlosserei
der Schlot, die Schlote
schlot|tern, er schlottert
die Schlucht, die Schluchten
schluch|zen, sie schluchzt, das Schluchzen
schlu|cken, er schluckt, der Schluck
schlu|dern, sie schludert, schluderig [schludrig]
schlum|mern, er schlummert, der Schlummer
schlüp|fen, sie schlüpft, der Schlüpfer, schlüpfrig
schlur|fen, er schlurft über den Gang
schlür|fen, sie schlürft die Suppe
der Schluss, die Schlüsse
der Schlüs|sel, die Schlüssel, das Schlüsselloch
schmäch|tig
schmack|haft
schmal, schmaler [schmäler], am schmalsten [schmälsten]
das Schmalz, schmalzig
der Schma|rot|zer, die Schmarotzer, schmarotzen
schmat|zen, sie schmatzt
schmau|sen, er schmaust, der Schmaus
schme|cken, sie schmeckt

schmeicheln, er schmeichelt, die Schmeichlerin, schmeichelhaft
schmeißen, sie schmeißt, ich schmiss, er hat geschmissen
schmelzen, es schmilzt, es schmolz, es ist geschmolzen
der **Schmerz**, die Schmerzen, schmerzen, schmerzlich, schmerzhaft, schmerzlos
der **Schmetterling**, die Schmetterlinge
schmettern, er schmettert
der **Schmied**, die Schmiede, schmieden
schmieren, sie schmiert, die Schmiere, schmierig
die **Schminke**, schminken
schmirgeln, er schmirgelt, das Schmirgelpapier
schmökern, sie schmökert
schmollen, er schmollt
schmoren, es schmort
schmücken, sie schmückt, der Schmuck
schmuggeln, er schmuggelt, der Schmuggel, die Schmuggler
schmunzeln, sie schmunzelt
schmusen, er schmust
schmutzig, der Schmutz
der **Schnabel**, die Schnäbel
die **Schnake**, die Schnaken
die **Schnalle**, die Schnallen, schnallen
schnalzen, er schnalzt
schnappen, sie schnappt
der **Schnaps**, die Schnäpse
schnarchen, er schnarcht
schnattern, sie schnattert
schnauben, er schnaubt
schnaufen, sie schnauft
die **Schnauze**, die Schnauzen, schnauzen
sich **schnäuzen**, sie schnäuzt sich
die **Schnecke**, die Schnecken
der **Schnee**, der Schneeball, das Schneeglöckchen
schneiden, sie schneidet, ich schnitt, er hat geschnitten
die **Schneiderin**, die Schneider, schneidern
schneien, es schneit
die **Schneise**, die Schneisen
schnell, die Schnelligkeit
schnippeln, er schnippelt
schnippisch
der [das] **Schnipsel**, die Schnipsel
der **Schnitt**, die Schnitte
die **Schnitte**, die Schnitten,

Brotschnitten
der **Schnittlauch**
das **Schnitzel**, die Schnitzel
schnitzen, er schnitzt
der **Schnorchel**, die Schnorchel
der **Schnörkel**, die Schnörkel
schnüffeln, sie schnüffelt, der Schnüffler
der **Schnuller**, die Schnuller
der **Schnupfen**, schnupfen
schnuppern, er schnuppert
die **Schnur**, die Schnüre, die Schnürsenkel, schnüren
der **Schnurrbart**, die Schnurrbärte
schnurren, sie schnurrt
schnurstracks
der **Schock**, die Schocks [Schocke], schocken, schockieren
die **Schokolade**, die Schokoladen
die **Scholle**, die Schollen
schon
schön, die Schönheit
schonen, er schont, die Schonung
der **Schopf**, die Schöpfe
schöpfen, sie schöpft, der Schöpfer, die Schöpfung
der **Schorf**, die Schorfe
der **Schornstein**, die Schornsteine, der Schornsteinfeger
der **Schoß**, die Schöße
die **Schote**, die Schoten
der **Schotter**
schräg, die Schräge
die **Schramme**, die Schrammen, schrammen
der **Schrank**, die Schränke
die **Schranke**, die Schranken
die **Schraube**, die Schrauben, der Schraubenzieher, schrauben
der **Schreck** [Schrecken], erschrecken, schrecklich, schreckhaft
schreddern, sie schreddert
schreiben, er schreibt, ich schrieb, sie hat geschrieben, der Schreibtisch
schreien, sie schreit, ich schrie, er hat geschrien, der Schrei
die **Schreinerin**, die Schreiner
schreiten, er schreitet, ich schritt, sie ist geschritten
die **Schrift**, die Schriften, die Schriftsteller, schriftlich
schrill
der **Schritt**, die Schritte, schrittweise
schroff, die Schroffheit
der [das] **Schrot**, die Schrote

der **Schrott**, der Schrottplatz
schrub|ben, er schrubbt, der Schrubber
schrump|fen, sie schrumpft
der **Schub**, die Schübe, die Schubkarre, die Schublade
schub|sen [schupsen], er schubst [schupst], der Schubs [Schups]
schüch|tern, die Schüchternheit
der **Schuft**, die Schufte
schuf|ten, sie schuftet
der **Schuh**, die Schuhe
die **Schuld**, der Schuldige, Schuld haben, schuldig, ich bin schuld, schuldlos
schul|den, er schuldet ihr Geld, die Schulden
die **Schu|le**, die Schulen, schulfrei, die Schüler, das Schuljahr
die **Schul|ter**, die Schultern, schultern
schum|meln, sie schummelt
der **Schund** (Minderwertiges)
schun|keln, sie schunkelt
die **Schup|pe**, die Schuppen
der **Schup|pen**, die Schuppen
schü|ren, er schürt
schür|fen, er schürft, die Schürfwunde

der **Schur|ke**, die Schurken
die **Schür|ze**, die Schürzen
der **Schuss**, die Schüsse
die **Schüs|sel**, die Schüsseln
schus|se|lig [schusslig]
der **Schus|ter**, die Schuster
der **Schutt**
schüt|teln, sie schüttelt, der Schüttelfrost
schüt|ten, er schüttet
der **Schüt|ze**, die Schützen
schüt|zen, sie schützt, der Schutz, schutzlos
Schwa|ben, die Schwaben, schwäbisch
schwach, schwächer, am schwächsten, die Schwäche, schwächlich
der **Schwa|ger**, die Schwäger, die Schwägerin
die **Schwal|be**, die Schwalben
der **Schwamm**, die Schwämme, schwammig
der **Schwan**, die Schwäne
schwan|ger, sie ist schwanger, die Schwangerschaft
schwan|ken, er schwankt
der **Schwanz**, die Schwänze
schwän|zen, sie schwänzt die Schule

der **Schwarm**, die Schwärme, schwärmen
die **Schwarte**, die Schwarten
schwarz, schwärzen, schwarzsehen
schwatzen, [schwätzen], er schwatzt [schwätzt], die Schwätzer
schweben, sie schwebt
Schweden, die Schweden, schwedisch
der **Schwefel**, schweflig [schwefelig]
schweigen, er schweigt, ich schwieg, sie hat geschwiegen, das Schweigen, schweigsam
das **Schwein**, die Schweine, die Schweinerei
der **Schweiß**, schweißtreibend
schweißen, sie schweißt, die Schweißerin
die **Schweiz**, die Schweizer, schweizerisch
schwelen, es schwelt, der Schwelbrand
die **Schwelle**, die Schwellen
schwellen, es schwillt, es schwoll, es ist geschwollen, die Schwellung
schwenken, sie schwenkt

schwer, schwerhörig, schwerfällig
Schwerin
das **Schwert**, die Schwerter
die **Schwester**, die Schwestern
die **Schwiegereltern**, die Schwiegermutter, der Schwiegervater
die **Schwiele**, die Schwielen
schwierig, die Schwierigkeit
schwimmen, er schwimmt, ich schwamm, sie ist geschwommen, die Schwimmer, rückenschwimmen, das Schwimmbad
schwindeln, sie schwindelt, die Schwindler
schwindlig [schwindelig], schwindelfrei, der Schwindel
schwingen, sie schwingt, ich schwang, er hat geschwungen
schwirren, sie schwirren
schwitzen, er schwitzt
schwören, sie schwört, ich schwor, er hat geschworen
schwül, die Schwüle
der **Schwung**, die Schwünge, schwungvoll
der **Schwur**, die Schwüre

A B C D E F G H I J K L M N O P Q R S T U V W X Y Z

sechs, sechzehn, sechzig, sechsmal, ein Sechstel
der **See** (im Land), die Seen
die **See** (Meer), die Ostsee, die Seefahrt, seekrank
die **Seele**, die Seelen, seelenruhig
das **Segel**, die Segel, das Segelboot, segeln
der **Segen**, die Segen, segnen
sehen, sie sieht, ich sah, er hat gesehen, sieh!, sehenswert, die Sehenswürdigkeit
die **Sehne**, die Sehnen
sich **sehnen**, er sehnt sich, die Sehnsucht, sehnsüchtig
sehr, sehr gut
seicht
seid → *sein*, seid leise, Vergleich: → seit
die **Seide**, der Seidenstoff
die **Seife**, die Seifen, seifig
das **Seil**, die Seile
sein, seine, seiner, sein Heft
sein, freundlich sein, ich bin, du bist, er ist, wir sind, ihr seid, sie sind, sie war, sie waren
seit, seit gestern, seitdem, Vergleich: → seid
die **Seite**, die Seiten, seitlich, seitwärts, seitenlang, Vergleich: → Saite
die **Sekretärin**, die Sekretärinnen, der Sekretär, das Sekretariat
der **Sekt** (Getränk)
die **Sekte**, die Sekten
die **Sekunde**, 20 Sekunden [20 s]
selbst [selber], selbst machen, selbstbewusst, selbstverständlich, der Selbstlaut (Vokal)
selbstständig [selbständig]
selig, die Seligkeit
der [die] **Sellerie**
selten, die Seltenheit
seltsam
das **Semikolon** (Strichpunkt), die Semikolons [Semikola]
die **Semmel**, die Semmeln
der **Senat**, die Senate, die Senatoren
senden, sie sendet, ich sandte [sendete], er hat gesandt [gesendet], der Sender, die Sendung
der **Senf**
der **Senior**, die Senioren (ältere Menschen)
senken, er senkt
senkrecht, die Senkrechte

die **Sensation**, die Sensationen, sensationell
die **Sense**, die Sensen
sensibel
separat
der **September**
Serbien, die Serben, serbisch
die **Serie**, die Serien
seriös (vertrauenswürdig)
die **Serpentine** (kurvige Bergstraße), die Serpentinen
das **Service** (Geschirr), die Service
der [das] **Service** (Kundendienst), die Services
servieren, sie serviert
die **Serviette**, die Servietten
der **Sessel**, die Sessel
das [der] **Set**, die Sets (Zusammengehöriges)
setzen, er setzt sich, der Setzling
die **Seuche**, die Seuchen
seufzen, sie seufzt, der Seufzer
der **Sex**, sexy, der Sexualunterricht
das **Shampoo**, die Shampoos
der **Sheriff**, die Sheriffs
der **Shop** (Geschäft), die Shops
die **Shorts** (kurze Hose)
die **Show** (Vorführung), die Shows, der Showmaster

sich, sie setzt sich
die **Sichel**, die Sicheln
sicher, sicherlich, sichern, die Sicherheit, die Sicherung
die **Sicht**, sichtbar, sichten, sichtlich
sickern, es sickert, versickern
sie, sie liest
das **Sieb**, die Siebe, sieben
sieben, siebzehn, siebzig, siebenmal, siebtens
sieden, es siedet, siedend heiß, der Siedepunkt
die **Siedlung**, die Siedlungen, siedeln, die Siedler
der **Sieg**, die Siege, die Sieger, siegen, die Siegerehrung, siegreich
das **Siegel**, die Siegel
das **Signal**, die Signale, signalisieren
die **Silbe**, die Silben
das **Silber**, silbern, silbrig
der [das] **Silo**, die Silos
der [das] **Silvester**
simpel (einfach), ein simpler Trick
sind → *sein*, wir sind froh
singen, sie singt, ich sang, er hat gesungen

A B C D E F G H I J K L M N O P Q R S T U V W X Y Z

der **Single** (alleinstehender Mensch), die Singles
der **Singular** (Einzahl)
sinken, er sinkt, ich sank, sie ist gesunken
der **Sinn**, die Sinne, sinnvoll, sinnlos
die **Sintflut**
die **Sippe**, die Sippen
die **Sirene**, die Sirenen
der **Sirup**
die **Sitte**, die Sitten, sittsam
die **Situation**, die Situationen
sitzen, sie sitzt, ich saß, er hat gesessen, der Sitz, die Sitzung
die **Skala** (Maßeinteilung), die Skalen [Skalas]
der **Skandal**, die Skandale
Skandinavien, die Skandinavier, skandinavisch
der **Skat**, die Skatspieler
das **Skateboard**, die Skateboards
das **Skelett**, die Skelette
der **Sketch** [Sketsch], die Sketche
der **Ski** [Schi], die Skier [Ski], die Skifahrerin
die **Skizze**, die Skizzen, skizzieren
der **Sklave**, die Sklaven
Skopje (Hauptstadt von Mazedonien)
der **Skrupel**, die Skrupel, skrupellos
der **Slalom**, die Slaloms
der **Slip**, die Slips
Slowakei, die Slowaken, slowakisch
Slowenien, die Slowenen, slowenisch
das **Smartphone** [Smart Phone], die Smartphones
der **Smog** (Abgasdunst)
die **SMS**, die SMS-Nachricht
das **Snowboard**, die Snowboards
so, so viele
sobald
die **Socke**, die Socken
der **Sockel**, die Sockel
sodann
sodass [so dass]
das **Sodbrennen**
soeben
das **Sofa**, die Sofas
sofern
Sofia (Hauptstadt von Bulgarien)
sofort
das **Softeis**
die **Software** (Computerprogramm)
sogar
sogenannt [sog.]
sogleich

die **Sohle**, die Sohlen, die Schuhsohle, Vergleich: → Sole
der **Sohn**, die Söhne
solang [solange], solang er mag, aber: eine so lange Zeit
die **Solarenergie**, solar
solch, solcher, solche, solches
der **Sold**, die Besoldung
der **Soldat**, die Soldaten
die **Sole** (Salzwasser), die Solen, Vergleich: → Sohle
sollen, er soll
das **Solo**, die Solos [Soli], die Solisten, solo
somit
der **Sommer**, die Sommer, sommerlich
das **Sonderangebot**, die Sonderangebote
sonderbar
sondern
der **Song** (Lied), die Songs
der **Sonnabend** (Samstag), die Sonnabende, sonnabends
die **Sonne**, die Sonnen, sonnig, sich sonnen, der Sonnenschirm
der **Sonntag**, die Sonntage, sonntags, sonntäglich
sonst
sooft, sooft du zu ihm gehst, aber: er kommt so oft zu mir
die **Sorge**, die Sorgen, sorgen, sie sorgt, sorgfältig, sorglos
die **Sorte**, die Sorten, sortieren
SOS (Notruf)
die **Soße** [Sauce], die Soßen
der **Sound** (Klangwirkung), die Sounds
das **Souvenir** (Andenken), die Souvenirs
soviel, soviel ich weiß, aber: er hat so viel Glück
soweit, soweit ich weiß, aber: er war so weit weg
sowie (und, sobald)
sowieso
sowohl ... als auch ...
sozial
spachteln, er spachtelt, der Spachtel
die **Spaghetti** [Spagetti], Spaghetti bolognese
spähen, sie späht, die Späher
der **Spalt** [die Spalte], die Spalten, spalten
das **Spam** (unerwünschte E-Mail), die Spams

A B C D E F G H I J K L M N O P Q R S T U V W X Y Z

der **Span**, die Späne
die **Spange**, die Spangen
Spanien, die Spanier, spanisch
spannen, er spannt
spannend, die Spannung
sparen, sie spart, sparsam, die Spardose, die Sparsamkeit
der **Spargel**, die Spargel
spärlich
der **Spaß**, die Späße, spaßen, spaßig
spät, spätestens
der **Spaten**, die Spaten
der **Spatz**, die Spatzen
die **Spätzle** (Nudelgericht)
spazieren, er spaziert, spazieren gehen, der Spaziergang
der **Specht**, die Spechte
der **Speck**, speckig
der **Speer**, die Speere
die **Speiche**, die Speichen
der **Speichel**
der **Speicher**, die Speicher, speichern
speien, er speit, ich spie, sie hat gespien
die **Speise**, die Speisen, speisen, die Nachspeise
der **Spektakel** (Lärm), das Spektakel (Schauspiel), die Spektakel
spenden, sie spendet, die Spende, die Spender, spendieren, spendabel
der **Sperling**, die Sperlinge
sperren, er sperrt, die Sperre, sperrig
der **Spezialist**, die Spezialisten, die Spezialität, spezialisieren
speziell
spicken, sie spickt, der Spickzettel
der **Spiegel**, die Spiegel, spiegeln, spiegelglatt
spielen, sie spielt, das Spiel, die Spieler, das Spielzeug
der **Spieß**, die Spieße
spießig, die Spießer
der **Spinat**
die **Spindel**, die Spindeln
die **Spinne**, die Spinnen, das Spinngewebe
spinnen, er spinnt, ich spann, sie hat gesponnen
der **Spion**, die Spione, spionieren
die **Spirale**, die Spiralen
der **Spiritus**
spitz, spitzer, am spitzesten
die **Spitze**, die Spitzen

der **Spitzel**, die Spitzel
der **Spitzer**, die Spitzer, spitzen
der **Splitt** (kleine Steinchen)
der **Splitter**, die Splitter, splittern
der **Sponsor**, die Sponsoren
sporadisch
der **Sport**, die Sportler, sportlich, die Sportschau
der **Spot**, die Spots, der Werbespot
spotten, er spottet, der Spott, spöttisch
die **Sprache**, die Sprachen, sprachlich, sprachlos
der [das] **Spray**, die Sprays, die Spraydose
sprechen, sie spricht, ich sprach, er hat gesprochen, die Sprecher
spreizen, er spreizt
sprengen, sie sprengt, die Sprengung, der Sprengstoff
das **Sprichwort**, die Sprichwörter
sprießen, es sprießt, es spross, es ist gesprossen
springen, er springt, ich sprang, sie ist gesprungen, die Springer
sprinten, sie sprintet, der Sprint, die Sprinter
der **Sprit** (Treibstoff)
spritzen, er spritzt, die Spritze, der Spritzer
spröd [spröde], spröde Haut
die **Sprosse**, die Sprossen
der **Spruch**, die Sprüche
der **Sprudel**, die Sprudel, sprudeln
sprühen, sie sprüht, der Sprühregen
der **Sprung**, die Sprünge, springen, sprunghaft
spucken, er spuckt, die Spucke
der **Spuk**, spuken, es spukt
die **Spule**, die Spulen
spülen, er spült, die Spülung
die **Spur**, die Spuren, spuren, spurlos
spüren, sie spürt
der **Spurt**, die Spurts [Spurte], spurten
sich **sputen**, er sputet sich
das **Squash** (Ballspiel)
der **Staat**, die Staaten, staatlich
der **Stab**, die Stäbe
stabil, die Stabilität, stabilisieren
der **Stachel**, die Stacheln, stachelig [stachlig]
das **Stadion**, die Stadien
die **Stadt**, die Städte, der Stadtrat, städtisch

A B C D E F G H I J K L M N O P Q R S T U V W X Y Z

die **Staf|fel**, die Staffeln, der Staffellauf
der **Stahl**, die Stähle, stählern, stahlhart
der **Stall**, die Ställe, der Kuhstall
der **Stamm**, die Stämme, der Stammbaum, stämmig
stam|meln, er stammelt
stamp|fen, sie stampft
der **Stand**, die Stände, der Ständer, standhaft, der Standpunkt
stän|dig (dauernd)
die **Stan|ge**, die Stangen
der **Stän|gel**, die Stängel
stän|kern, er stänkert
die **Stan|ze**, die Stanzen
der **Sta|pel**, die Stapel, stapeln
stap|fen, sie stapft
der **Star** (berühmter Mensch), die Stars, der Popstar
der **Star** (Vogel), die Stare
stark, stärker, am stärksten, die Stärke, stärken, die Stärkung
starr (fest), die Starrheit
star|ren, er starrt
der **Start**, die Starts, starten
die **Sta|ti|on**, die Stationen
das **Sta|tiv**, die Stative
statt, anstatt, stattdessen
statt|fin|den → *finden*
statt|lich
die **Sta|tue**, die Statuen
der **Stau**, die Staus, stauen
der **Staub**, stauben, der Staubsauger, staubig
die **Stau|de**, die Stauden
stau|nen, sie staunt
das **Steak**, die Steaks
ste|chen, er sticht, ich stach, sie hat gestochen
ste|cken, sie steckt, der Stecker, der Steckbrief
der **Steg**, die Stege
ste|hen, er steht, ich stand, sie hat [ist] gestanden, stehen bleiben, die Stehlampe
steh|len, sie stiehlt, ich stahl, er hat gestohlen
steif, die Steifheit
stei|gen, er steigt, ich stieg, sie ist gestiegen, die Steigung
stei|gern, sie steigert, die Steigerung
steil, der Steilhang
der **Stein**, die Steine, steinig, steinhart, die Steinkohle
stel|len, er stellt, die Stelle, die Stellung
die **Stel|ze**, die Stelzen, stelzen

stemmen, sie stemmt
der Stempel, die Stempel, stempeln
die Steppdecke, die Steppdecken
die Steppe, die Steppen
sterben, er stirbt, ich starb, er ist gestorben, sterbenskrank, unsterblich
stereo, die Stereoanlage
steril (keimfrei, unfruchtbar)
der Stern, die Sterne, die Sternschnuppe
stets, stetig
das Steuer (Lenkrad), die Steuer, steuern
die Steuer (Abgabe), die Steuern
die Stewardess, die Stewardessen, der Steward
stibitzen, sie stibitzt
der Stich, die Stiche, das Stichwort, im Stich lassen, sticheln
sticken, er stickt, die Stickerei, der Sticker
stickig
der Stiefel, die Stiefel
die Stiefeltern, der Stiefvater, die Stiefmutter
die Stiege, die Stiegen
der Stiel (Griff, Stängel), die Stiele, Vergleich: → Stil
der Stier, die Stiere
der Stift, die Stifte
stiften, sie stiftet, die Stiftung
der Stil (Darstellungsweise), die Stile, der Kunststil, Vergleich: → Stiel
still, die Stille
stillen, sie stillt das Baby
die Stimme, die Stimmen
stimmen, es stimmt
die Stimmung, die Stimmungen
stinken, es stinkt, es stank, es hat gestunken, stinkfaul
stippen (tunken), er stippt
die Stirn, die Stirnen
stöbern, sie stöbert
stochern, er stochert
der Stock (Stab), die Stöcke
der Stock (Etage), das Stockwerk, dreistöckig
stockdunkel, stockfinster
stocken, es stockt
Stockholm (Hauptstadt von Schweden)
der Stoff, die Stoffe
stöhnen, sie stöhnt
der Stollen, die Stollen
stolpern, er stolpert
stolz, stolzer, am stolzesten, der Stolz, stolzieren

stopfen, sie stopft
der **Stopfen**, die Stopfen
die **Stoppel**, die Stoppeln
stoppen, er stoppt, der Stopp, die Stoppuhr
der **Stöpsel**, die Stöpsel
der **Storch**, die Störche
stören, sie stört, die Störung
störrisch
die **Story** (Geschichte), die Storys
stoßen, er stößt, ich stieß, sie hat gestoßen, der Stoß, abstoßend
stottern, sie stottert
die **Strafe**, die Strafen, die Sträflinge, strafen, strafbar, sträflich
straff
der **Strahl**, die Strahlen, strahlen, strahlend, die Strahlung
die **Strähne**, die Strähnen, strähnig
stramm
strampeln, er strampelt
der **Strand**, die Strände, stranden
der **Strang**, die Stränge
die **Strapaze**, die Strapazen, strapazieren
die **Straße**, die Straßen
die **Strategie**, die Strategien
sträuben, sie sträubt sich
der **Strauch**, die Sträucher
straucheln, er strauchelt
der **Strauß** (Vogel), die Strauße
der **Strauß**, die Sträuße, der Blumenstrauß
streben, er strebt, die Streber, strebsam
die **Strecke**, die Strecken, streckenweise
strecken, sie streckt
der **Streich**, die Streiche
streicheln, er streichelt
streichen, sie streicht, ich strich, er hat gestrichen, der Anstrich, der Strich
das **Streichholz**, die Streichhölzer
streifen, sie streift, die Streife, der Streifenwagen
der **Streifen**, die Streifen, gestreift
der **Streik**, die Streiks, streiken
streiten, sie streitet, ich stritt, er hat gestritten, der Streit, die Streiterei
streng, die Strenge
der **Stress**, stressig
streuen, sie streut, die Streuung, das Streusalz
streunen, er streunt
der [das] **Streusel**, die Streusel

der **Strich**, die Striche
der **Strick**, die Stricke
stricken, sie strickt, die Strickjacke
striegeln, sie striegelt
der **Striemen**, die Striemen
strikt
die **Strippe**, die Strippen
das **Stroh**, der Strohhalm
der **Strolch**, die Strolche, strolchen
der **Strom** (Fluss), die Ströme, die Strömung, strömen, stromabwärts
der **Strom**, das Stromkabel
die **Strophe**, die Strophen
strotzen, sie strotzt
strubbelig [strubblig]
der **Strudel**, die Strudel
der **Strumpf**, die Strümpfe
struppig
der **Struwwelpeter**
die **Stube**, die Stuben
das **Stück**, die Stücke, stückeln
das **Studio**, die Studios
das **Studium**, die Studien, die Studenten, studieren, die Studie
die **Stufe**, die Stufen
der **Stuhl**, die Stühle
die **Stulle** (Scheibe Brot), die Stullen

stülpen, sie stülpt
stumm
der **Stummel**, die Stummel
die **Stümperin**, die Stümper
stumpf, der Stumpfsinn
der **Stumpf**, die Stümpfe, der Baumstumpf
die **Stunde**, die Stunden, stündlich, stundenlang, der Stundenplan
der **Stuntman**, die Stuntmen
stupsen, sie stupst ihn, der Stups, die Stupsnase
stur, die Sturheit
der **Sturm**, die Stürme, stürmisch, stürmen, die Stürmer
stürzen, er stürzt, der Sturz
die **Stute**, die Stuten
Stuttgart
stutzen, sie stutzt, stutzig
stützen, er stützt sie, die Stütze
das **Styling**, die Stylings
das **Styropor**
das **Subjekt**, die Subjekte
das **Substantiv** (Nomen), die Substantive
die **Substanz**, die Substanzen
subtrahieren, sie subtrahiert, die Subtraktion
suchen, er sucht, die Suche
die **Sucht**, die Süchte, süchtig

Südamerika, die Südamerikaner, südamerikanisch
der **Süden**, südlich, der Südpol
sühnen, sie sühnt, die Sühne
der **Sultan**, die Sultane
die **Summe**, die Summen, summieren, der Summand
summen, er summt
der **Sumpf**, die Sümpfe, sumpfig
die **Sünde**, die Sünden, die Sünder, sündigen
super, der Superstar
die **Suppe**, die Suppen
surfen, sie surft, die Surfer
surren, es surrt
süß, süßer, am süßesten, süßen, süßlich, die Süße, die Süßigkeit
das **Sweatshirt** (weiter Pullover), die Sweatshirts
der **Swimmingpool**, die Swimmingpools
das **Symbol**, die Symbole, symbolisch
symmetrisch, die Symmetrie
die **Sympathie**, die Sympathien, sympathisch
die **Synagoge**, die Synagogen
synchron (gleichzeitig)
das **System**, die Systeme, systematisch
die **Szene**, die Szenen

T

der **Tabak**
die **Tabelle**, die Tabellen
das **Tablet** (tragbarer flacher Computer), die Tablets
das **Tablett** (Servierbrett), die Tabletts [Tablette]
die **Tablette**, die Tabletten
das **Tabu**, die Tabus, tabu
der **Tacho** [Tachometer], die Tachos
der **Tadel**, die Tadel, tadeln, tadellos
die **Tafel**, die Tafeln
der **Tag**, die Tage, täglich, tagelang, tagsüber, tagtäglich, eines Tages
die **Tagung**, die Tagungen, tagen
die **Taille**, die Taillen, tailliert
der **Takt**, die Takte, taktlos, taktvoll
die **Taktik**, die Taktiken, taktisch
das **Tal**, die Täler

das **Talent**, die Talente, talentiert
der **Taler**, die Taler
der **Talg**, die Talge
der **Talisman**, die Talismane
die **Talkshow**, die Talkshows, die Talkmaster
Tallinn (Hauptstadt von Estland)
das **Tandem**, die Tandems
der **Tank**, die Tanks, die Tankstelle, der Tanker
tanken, sie tankt
die **Tanne**, die Tannen, die Tannenzapfen
die **Tante**, die Tanten
der **Tanz**, die Tänze, tanzen, tänzeln, die Tänzer
die **Tapete**, die Tapeten, tapezieren
tapfer, die Tapferkeit
tappen, er tappt
tapsen, sie tapst, tapsig
tarnen, er tarnt, die Tarnung
die **Tasche**, die Taschen
die **Tasse**, die Tassen
die **Taste**, die Tasten, tasten, die Tastatur
die **Tat**, die Taten, die Täter, der Tatort
tätig, die Tätigkeit
die **Tätowierung**, die Tätowierungen
die **Tatsache**, die Tatsachen
tatsächlich
tätscheln, sie tätschelt
die **Tatze**, die Tatzen
der **Tau**, die Tautropfen
das **Tau** (starkes Seil), die Taue, das Tauziehen
taub, die Taubheit, taubstumm
die **Taube**, die Tauben
tauchen, sie taucht, die Taucher
tauen, das Eis taut
die **Taufe**, die Taufen, taufen, die Taufpaten
taugen, es taugt nichts, tauglich
taumeln, er taumelt
tauschen, er tauscht, der Tausch
täuschen, sie täuscht, die Täuschung
tausend, tausendfach, tausendste, tausendmal
das **Taxi** [die Taxe], die Taxis [Taxen]
das **Team** (Gruppe), die Teams, die Teamarbeit
die **Technik**, die Techniken, technisch, die Techniker, die Technologie

A B C D E F G H I J K L M N O P Q R S T U V W X Y Z

der **Teddy** [Teddybär], die Teddys
der **Tee**, die Tees
der **Teenager** (Jugendlicher), die Teenager
der **Teer**, teeren
der **Teich**, die Teiche, der Forellenteich
der **Teig**, die Teige, der Brotteig
teilen, sie teilt, der [das] Teil, teilbar, die Teilung
teilnehmen → *nehmen*, die Teilnahme, die Teilnehmer, teilnahmslos, teils
teilweise
das **Telefon**, die Telefone, telefonieren, telefonisch
das **Telegramm**, die Telegramme, telegrafieren
das **Teleskop** (Fernrohr), die Teleskope
der **Teller**, die Teller
der **Tempel**, die Tempel
das **Temperament**, die Temperamente, temperamentvoll
die **Temperatur**, die Temperaturen
das **Tempo**, die Tempos [Tempi]
das **Tennis**, Tennis spielen
der **Teppich**, die Teppiche
der **Termin**, die Termine
das **Terrarium** (Behälter für die Tierhaltung), die Terrarien
die **Terrasse**, die Terrassen
der **Terror**, der Terrorismus, die Terroristen, terrorisieren
das **Testament**, die Testamente
testen, er testet, der Test, die Tests [Teste]
teuer, teurer, am teuersten
der **Teufel**, die Teufel, teuflisch
der **Text**, die Texte, texten
die **Textilien**
das **Theater**, die Theater
die **Theke**, die Theken
das **Thema**, die Themen [Themata], thematisch
die **Theologie**, die Theologen
die **Theorie**, die Theorien, theoretisch
die **Therapie**, die Therapien, der Therapeut
das **Thermalbad**, die Thermalbäder
das **Thermometer**, die Thermometer
die **Thermosflasche**, die Thermosflaschen
der **Thriller** (spannender Film / Roman), die Thriller
der **Thron**, die Throne

der **Thunfisch** [Tunfisch], die Thunfische
Thüringen, die Thüringer, thüringisch
ticken, es tickt, der Tick
das **Ticket**, die Tickets
tief, die Tiefe, tiefgekühlt
das **Tier**, die Tiere, die Tierärztin
der **Tiger**, die Tiger
tilgen, er tilgt
die **Tinte**, die Tinten, der Tintenkiller
das **Tipi** (Indianerzelt), die Tipis
der **Tipp**, die Tipps
tippen, sie tippt, der Tippfehler, tipptopp
Tirana (Hauptstadt von Albanien)
der **Tisch**, die Tische, das Tischtennis
der **Tischler**, die Tischler, die Tischlerei
der **Titel**, die Titel, das Titelbild
der **Toast**, die Toaste [Toasts], der Toaster, das Toastbrot, toasten
toben, sie tobt, die Tobsucht
die **Tochter**, die Töchter
der **Tod**, die Tode, tödlich, todkrank, todmüde, Vergleich: → tot

die **Toilette**, die Toiletten
tolerant, die Toleranz, tolerieren
toll, tollen, die Tollwut, tollkühn
der **Tollpatsch**, die Tollpatsche, tollpatschig
der **Tölpel**, die Tölpel, tölpelhaft
der **Tomahawk**, die Tomahawks
die **Tomate**, die Tomaten
die **Tombola**, die Tombolas
der **Ton** (Bodenart), die Tone
der **Ton**, die Töne, tönen, die Tonleiter, der Farbton
die **Tonne**, die Tonnen
der **Topf**, die Töpfe, die Töpferin
topfit
das **Tor**, die Tore, der Torwart
der **Tor** (Narr), die Toren, die Torheit, töricht
der **Torf**, das Torfmoor
torkeln, er torkelt
der **Tornado**, die Tornados
der **Tornister**, die Tornister
die **Torte**, die Torten
tosen, tosender Sturm
tot, tot sein, die Toten, totenstill, totlachen, totschießen, töten Vergleich: → Tod
total
das [der] **Toto**, der Totoschein

die **Tour**, die Touren, die Radtour, touren
der **Tourist**, die Touristen, der Tourismus
die **Tournee** (Gastspielreise von Künstlern), die Tourneen
der **Trabant**, die Trabanten
traben, er trabt, der Trab
die **Tracht**, die Trachten
trächtig
die **Tradition**, die Traditionen, traditionell
der **Trafo** [Transformator], die Trafos
träge, die Trägheit
tragen, sie trägt, ich trug, er hat getragen, der Träger, tragfähig, tragend
tragisch, die Tragik
trainieren, sie trainiert, das Training, die Trainer
der **Traktor**, die Traktoren
die **Tram**, die Trams
trampeln, er trampelt
trampen, sie trampt
das **Trampolin**, die Trampoline
die **Träne**, die Tränen, tränen
tränken, er tränkt, die Tränke
der **Transistor**, die Transistoren
das **Transparent**, die Transparente, transparent
der **Transport**, die Transporte, transportieren
das **Trapez**, die Trapeze
tratschen, sie tratscht, der Tratsch
die **Traube**, die Trauben
trauen, sie traut ihm, die Trauung
trauern, er trauert, die Trauer, traurig
träufeln, sie träufelt
der **Traum**, die Träume, träumen, traumhaft, die Träumerei
traurig, die Traurigkeit
der **Trecker** (Traktor), die Trecker
treffen, er trifft, ich traf, sie hat getroffen, treffend, der Treffer
treiben, sie treibt, ich trieb, er hat getrieben, der Treibstoff
der **Trend**, die Trends
trennen, er trennt, die Trennung, getrennt
die **Treppe**, die Treppen, das Treppenhaus, treppauf
der **Tresen**, die Tresen
der **Tresor**, die Tresore
treten, sie tritt, ich trat, er hat getreten, der Tritt
treu, die Treue, treulos

der [die] **Triangel**, die Triangeln
der [das] **Triathlon** (Dreikampf im Sport), die Triathlons
die **Tribüne**, die Tribünen
der **Trichter**, die Trichter
der **Trick**, die Tricks, tricksen
der **Trieb**, die Triebe, treiben
das **Trikot**, die Trikots
trillern, er trillert, die Trillerpfeife
trimmen, sie trimmt sich, der Trimm-dich-Pfad
trinken, er trinkt, ich trank, sie hat getrunken, das Trinkgeld
das **Trio** (drei Personen), die Trios
der **Trip** (Ausflug), die Trips
trippeln, sie trippelt
der **Tritt**, die Tritte, treten
der **Triumph**, die Triumphe, triumphieren
trocken, trocknen, die Trockenheit
der **Trödel**, der Trödler, der Trödelmarkt
trödeln, er trödelt
der **Trog**, die Tröge
die **Trommel**, die Trommeln, trommeln, die Trommler
die **Trompete**, die Trompeten
die **Tropen**, tropisch
tropfen, es tropft, tröpfeln
der **Tropfen**, die Tropfen
der **Trost**, trösten, trostlos
der **Trott**, die Trotte
der **Trottel**, die Trottel
trotten, sie trottet
trotz, trotz des Regens
der **Trotz**, trotzig
trotzdem
trüb [trübe], trübselig, die Trübsal
der **Trubel**
trügerisch, trügen
die **Truhe**, die Truhen
die **Trümmer**, das Trümmerfeld
der **Trumpf**, die Trümpfe
die **Truppe**, die Truppen
der **Truthahn**, die Truthähne
tschau! [ciao!] (Abschiedsgruß)
Tschechische Republik, die Tschechen, tschechisch
tschüs! [tschüss!]
das **T-Shirt**, die T-Shirts
die **Tuba**, die Tuben
die **Tube**, die Tuben
das **Tuch**, die Tücher
tüchtig, die Tüchtigkeit
die **Tücke**, die Tücken, tückisch
die **Tugend**, die Tugenden
die **Tulpe**, die Tulpen
sich **tummeln**, sie tummelt sich

der **Tumor**, die Tumore
der **Tümpel**, die Tümpel
der **Tumult**, die Tumulte
tun, er tut, ich tat, sie hat getan
die **Tunika** (Gewand), die Tuniken
tunken, sie tunkt, die Tunke
der **Tunnel**, die Tunnel [Tunnels]
das **Tunwort** [Tuwort] (Verb), die Tunwörter
tupfen, er tupft, der Tupfer, der Tupfen
die **Tür**, die Türen
der **Turban**, die Turbane
die **Turbine**, die Turbinen
turbulent
die **Türkei**, die Türken, türkisch
türkis (Farbe)
der **Turm**, die Türme
turnen, sie turnt, die Turnerin, die Turnhalle
das **Turnier**, die Turniere
die **Tusche**, die Tuschen
tuscheln, er tuschelt
die **Tüte**, die Tüten
tuten, sie tutet
das **Tuwort** → Tunwort
der **Typ**, die Typen, typisch
der **Tyrann**, die Tyrannen, tyrannisieren

U

die **U-Bahn** (Untergrundbahn), die U-Bahnen
übel, übler, am übelsten, das Übel, die Übelkeit
üben, er übt, die Übung
über
überall
das **Überbleibsel**, die Überbleibsel
der **Überblick**, überblicken
überdrüssig, der Überdruss
übereinander
überempfindlich
überfahren → *fahren*
der **Überfall**, die Überfälle, überfallen
der **Überfluss**, überflüssig
überflutet, die Überflutung
überfordern, sie überfordert sich, die Überforderung
überfüllt
der **Übergang**, die Übergänge
übergeben → *geben*
überhaupt
überheblich
überholen → holen
überhören → hören

über|las|sen → *lassen*
über|le|gen, er überlegt, die Überlegung
über|lis|ten, er überlistet
über|mor|gen
über|mü|det
über|mü|tig, der Übermut
über|näch|s|te
über|nach|ten, sie übernachtet, die Übernachtung
über|neh|men → *nehmen*, die Übernahme
über|que|ren, er überquert, die Überquerung
über|ra|schen, sie überrascht, die Überraschung
über|re|den → reden
über|rei|chen → reichen
die Über|schrift, die Überschriften
der Über|schuss, die Überschüsse
über|schwäng|lich
die Über|schwem|mung, die Überschwemmungen
über|set|zen, er übersetzt, die Übersetzung
über|sicht|lich, die Übersicht
über|sie|deln, sie übersiedelt, die Übersiedler
die Über|stun|de, die Überstunden
über|tref|fen → *treffen*
über|trei|ben → *treiben*, die Übertreibung
über|trie|ben
über|wäl|ti|gen, er überwältigt, überwältigend
über|wei|sen, sie überweist, die Überweisung
über|wie|gend
über|win|den → *winden*
über|zeu|gen, er überzeugt, die Überzeugung
der Über|zug, die Überzüge
üb|lich, üblicherweise
das U-Boot [Unterseeboot], die U-Boote
üb|rig, übrig bleiben
üb|ri|gens
die Übung, die Übungen
das Ufer, die Ufer
das Ufo, die Ufos
die Uhr, die Uhren, drei Uhr, die Uhrzeit
der Uhu, die Uhus
die Uk|ra|i|ne, die Ukrainer, ukrainisch
der UKW-Sen|der [Ultrakurzwellensender]
der Ulk, ulkig
der Ul|t|ra|schall, die Ultraschalle
um

A B C D E F G H I J K L M N O P Q R S T U V W X Y Z

umarmen, sie umarmt, die Umarmung
umbauen → bauen, der Umbau
umdrehen → drehen, die Umdrehung
umeinander
umfahren → *fahren*
umfallen → *fallen*
der Umfang, umfangen, umfangreich
die Umfrage, die Umfragen
der Umgang, umgänglich
die Umgebung, umgeben
umgehen → *gehen*
umgekehrt, umkehren, die Umkehr
umhängen → hängen, der Umhang
umher, umherlaufen
umkippen → kippen
der Umlaut (ä, ö, ü, äu), die Umlaute
die Umleitung, die Umleitungen, umleiten
der Umriss, umreißen
der Umschlag, die Umschläge
umso, umso besser
umsonst
umständlich, der Umstand
umsteigen → *steigen*

umtauschen → tauschen, der Umtausch
der Umweg, die Umwege
die Umwelt, der Umweltschutz, umweltfreundlich
umziehen → *ziehen*, der Umzug, die Umzüge
unabhängig
unangenehm
unaufhörlich
unaufmerksam, die Unaufmerksamkeit
unausstehlich
unbedingt
unbehaglich, das Unbehagen
unbeholfen
unbekannt
unbequem
unbeschränkt
unbeschreiblich
unbezahlbar
und
undankbar, die Undankbarkeit
unendlich, die Unendlichkeit
unentschieden
unerhört
unerträglich
unfähig
unfair
der Unfall, die Unfälle

unfreundlich
der Unfug
Ungarn, die Ungarn, ungarisch
ungeduldig, die Ungeduld
ungefähr
das Ungeheuer, die Ungeheuer
ungehindert
ungehorsam, der Ungehorsam
ungenau, die Ungenauigkeit
ungenügend
ungerecht, die Ungerechtigkeit
ungeschickt
ungewiss, die Ungewissheit
ungewöhnlich
das Ungeziefer
ungezogen
unglaublich
das Unglück, die Unglücke, unglücklich
ungültig
das Unheil
unheimlich
unhöflich
die Uniform, die Uniformen
uninteressant
die Universität, die Universitäten
die Unkosten
das Unkraut
unmittelbar
unmöglich
unnötig
das Unrecht
unruhig, die Unruhe
uns, unser, unsere
die Unschuld, unschuldig
der Unsinn, unsinnig
unten
unter, untereinander
unterbrechen → *brechen*, die Unterbrechung
unterbringen → *bringen*, die Unterbringung
untereinander
die Unterführung, die Unterführungen
der Untergang, die Untergänge, untergehen
der Untergrund
unterhalb
unterhalten → *halten*, die Unterhaltung
das Unterhemd, die Unterhemden
unterirdisch
die Unterkunft, die Unterkünfte
die Unterlage, die Unterlagen
unternehmen → *nehmen*, das Unternehmen
der Unterricht, unterrichten
der Unterschied, die Unterschiede, unterscheiden, unterschiedlich

der **Unterschlupf**, die Unterschlüpfe
die **Unterschrift**, die Unterschriften, unterschreiben
unterstützen → stützen, die Unterstützung
untersuchen → suchen, die Untersuchung
der **Untertan**, die Untertanen
die **Unterwäsche**
unterwegs
unterwürfig, unterwerfen, die Unterwerfung
unvergesslich
unvernünftig
unverschämt, die Unverschämtheit
unverständlich
unverzüglich
unvorsichtig
das **Unwetter**, die Unwetter
unwissend
unzählig
unzertrennlich
unzufrieden, die Unzufriedenheit
üppig
uralt
der **Uranus** (Planet)
die **Urgroßeltern**
urig (urtümlich, originell)
der **Urin**
die **Urkunde**, die Urkunden
der **Urlaub**, die Urlaube, die Urlauber
die **Urne**, die Urnen
die **Ursache**, die Ursachen
der **Ursprung**, die Ursprünge, ursprünglich
das **Urteil**, die Urteile, urteilen
der **Urwald**, die Urwälder
die **USA** (Vereinigte Staaten von Amerika)
der **User** (Computernutzer), die User, die Userin, die Userinnen
das **Utensil**, die Utensilien
utopisch
die **UV-Strahlen** (ultraviolette Strahlen)

V

Vaduz (Hauptstadt von Liechtenstein)
der **Vagabund**, die Vagabunden
vage (unbestimmt)
die **Vagina**, die Vaginen
das **Vakuum**, die Vakuen [Vakua]
Valentinstag (14. Februar)
Valletta (Hauptstadt von Malta)

der **Vampir**, die Vampire
die **Vanille**, das Vanilleeis
variabel (veränderbar)
die **Variante**, die Varianten, variieren
die **Vase**, die Vasen
der **Vater**, die Väter, väterlich, der Vati, das Vaterunser
der **Vatikan** (Wohnsitz des Papstes in Rom)
der **Vegetarier**, die Vegetarier, vegetarisch
die **Vegetation** (Pflanzenwelt), die Vegetationen
das **Veilchen**, die Veilchen
die **Vene** (Blutgefäß), die Venen
das **Ventil**, die Ventile
der **Ventilator**, die Ventilatoren
die **Venus** (Planet)
verabreden, er verabredet, die Verabredung
verabschieden, sie verabschiedet, die Verabschiedung
verachten, er verachtet, die Verachtung
die **Veranda**, die Veranden
verändern, sie verändert, veränderlich, die Veränderung
veranstalten, er veranstaltet, die Veranstaltung
die **Verantwortung**, verantworten
das **Verb** (Tunwort), die Verben
der **Verband**, die Verbände, das Verbandszeug
verbergen → *bergen*
verbessern, sie verbessert, die Verbesserung
sich **verbeugen**, er verbeugt sich, die Verbeugung
verbieten, sie verbietet, ich verbot, er hat verboten
verbinden → *binden*, die Verbindung, verbindlich
verblüffen, er verblüfft, die Verblüffung
das **Verbot**, die Verbote
verbrauchen, sie verbraucht, die Verbraucher
das **Verbrechen**, die Verbrechen, die Verbrecher
verbreiten, die Verbreitung
verbrennen → *brennen*, die Verbrennung
der **Verdacht**, verdächtigen, verdächtig
verdammen, sie verdammt, die Verdammung
verdauen, er verdaut, die Verdauung, verdaulich

A B C D E F G H I J K L M N O P Q R S T U V W X Y Z

ver|de|cken, sie verdeckt, das Verdeck
ver|der|ben, es verdirbt, es verdarb, es ist verdorben, das Verderben, verderblich
ver|die|nen, sie verdient, der Verdienst
ver|dop|peln, er verdoppelt, die Verdoppelung
ver|dor|ren, es verdorrt
ver|dun|keln, er verdunkelt, die Verdunkelung
ver|dün|nen, sie verdünnt, die Verdünnung
ver|duns|ten, es verdunstet, die Verdunstung
ver|durs|ten, er verdurstet
ver|dutzt
ver|eh|ren, sie verehrt, die Verehrung
der **Ver|ein**, die Vereine, vereinen, vereinigen, die Vereinigung
ver|ein|ba|ren, er vereinbart, die Vereinbarung
ver|ein|zelt
ver|fah|ren → *fahren*, das Verfahren
ver|fas|sen, sie verfasst, die Verfasser, die Verfassung
ver|fil|men, er verfilmt, die Verfilmung
ver|flixt
ver|flu|chen → fluchen
ver|fol|gen, sie verfolgt, die Verfolgung
die **Ver|gan|gen|heit**, vergangen, vergänglich
der **Ver|ga|ser**, die Vergaser
ver|ge|ben, er vergibt, ich vergab, sie hat vergeben, die Vergebung
ver|ge|bens, vergeblich
ver|ges|sen, er vergisst, ich vergaß, sie hat vergessen, die Vergesslichkeit, vergesslich
ver|geu|den, er vergeudet
ver|gif|ten, sie vergiftet, die Vergiftung
das **Ver|giss|mein|nicht**
ver|glei|chen, er vergleicht, ich verglich, sie hat verglichen, der Vergleich
das **Ver|gnü|gen**, die Vergnügen, sich vergnügen
ver|grö|ßern, er vergrößert, die Vergrößerung
ver|haf|ten, sie verhaftet, die Verhaftung
das **Ver|hal|ten**, sich verhalten

das **Ver|hält|nis**, die Verhältnisse, verhältnismäßig
das **Ver|hält|nis|wort** (Präposition), die Verhältniswörter
ver|han|deln, er verhandelt, die Verhandlung
ver|hee|rend
ver|heim|li|chen, sie verheimlicht
ver|hei|ra|tet
ver|hin|dern, sie verhindert, die Verhinderung
das **Ver|hör**, die Verhöre, verhören
ver|hü|ten, er verhütet, die Verhütung
sich **ver|ir|ren**, sie verirrt sich
ver|kau|fen → kaufen, der Verkauf, die Verkäufer
der **Ver|kehr**, verkehrssicher
ver|kehrt (falsch)
ver|klei|den, er verkleidet sich, die Verkleidung
die **Ver|kün|di|gung** [Verkündung], verkündigen
ver|kür|zen → kürzen
der **Ver|lag**, die Verlage, die Verleger
ver|lan|gen, er verlangt
ver|län|gern, sie verlängert, die Verlängerung
ver|las|sen, er verlässt, ich verließ, sie hat verlassen
ver|läss|lich
ver|lau|fen → *laufen*
ver|le|gen, er verlegt, die Verlegenheit, sie ist verlegen
ver|lei|hen → *leihen*, der Verleih
ver|let|zen, er verletzt, die Verletzung, die Verletzten
sich **ver|lie|ben** → lieben, verliebt, die Verliebten
ver|lie|ren, sie verliert, ich verlor, er hat verloren
das **Ver|lies**, die Verliese
die **Ver|lo|bung**, die Verlobungen, sich verloben
ver|lo|cken, er verlockt, die Verlockung
ver|lo|sen, sie verlost, die Verlosung
der **Ver|lust**, die Verluste
sich **ver|mäh|len**, er vermählt sich, die Vermählung
ver|meh|ren, sie vermehrt, die Vermehrung
ver|mei|den → *meiden*, vermeidbar
ver|mie|ten, er vermietet, die Vermieter
ver|mis|sen, sie vermisst, die Vermissten

A B C D E F G H I J K L M N O P Q R S T U V W X Y Z

das **Vermögen**, die Vermögen, vermögend
vermuten, er vermutet, die Vermutung, vermutlich
vernachlässigen, sie vernachlässigt, die Vernachlässigung
vernehmen → *nehmen*, die Vernehmung
verneigen → neigen, die Verneigung
vernichten, er vernichtet, die Vernichtung
die **Vernunft**, vernünftig
verpacken → packen, die Verpackung
verpassen, sie verpasst
verpesten, es verpestet
die **Verpflegung**, verpflegen
die **Verpflichtung**, verpflichten
verprügeln → prügeln
verraten, er verrät, ich verriet, sie hat verraten, der Verrat, die Verräter, verräterisch
sich **verrechnen** → rechnen
verreiben → *reiben*
verreisen → reisen
verrenken, sie verrenkt sich, die Verrenkung
verrosten, es verrostet
verrückt, verrückt sein, die Verrückten
der **Vers** (Zeile eines Gedichtes), die Verse
versagen, er versagt, die Versager
versammeln, sie versammelt, die Versammlung
versäumen, er versäumt, das Versäumnis
verschieden
verschlafen → *schlafen*
verschlampen, sie verschlampt
verschlechtern, er verschlechtert
verschließen → *schließen*, der Verschluss
verschmutzen, sie verschmutzt, die Verschmutzung
verschnupft
verschwenden, er verschwendet, die Verschwendung
verschwinden, sie verschwindet, ich verschwand, er ist verschwunden
das **Versehen**, die Versehen,

versehentlich
ver|sen|den → *senden*, der Versand
ver|sen|ken → senken
ver|set|zen, er versetzt, die Versetzung
ver|si|chern, sie versichert, die Versicherung
ver|söh|nen, er versöhnt, die Versöhnung
ver|sor|gen → sorgen, die Versorgung
sich **ver|spä|ten**, er verspätet sich, die Verspätung
ver|spre|chen → *sprechen*, das Versprechen
der **Ver|stand**, verständig
ver|stän|di|gen, sie verständigt, die Verständigung, verständlich, das Verständnis, verständnisvoll
der **Ver|stär|ker**, die Verstärker, verstärken
ver|stau|chen, er verstaucht, die Verstauchung
ver|ste|cken, sie versteckt, das Versteck
ver|ste|hen, er versteht, ich verstand, sie hat verstanden
ver|stei|gern, er versteigert, die Versteigerung
die **Ver|stei|ne|rung**, die Versteinerungen
ver|stopft
der **Ver|such**, die Versuche, versuchen
ver|tei|di|gen, sie verteidigt, die Verteidigung, die Verteidiger
ver|tei|len, er verteilt, die Verteilung
der **Ver|trag**, die Verträge
ver|tra|gen, er verträgt, ich vertrug, sie hat vertragen
das **Ver|trau|en**, vertrauen, vertraulich, vertraut
ver|träumt
ver|trei|ben → *treiben*, die Vertreibung
ver|tre|ten → *treten*, die Vertreter, die Vertretung
ver|un|glü|cken, er verunglückt
ver|ur|tei|len, sie verurteilt, die Verurteilung
ver|viel|fäl|ti|gen, er vervielfältigt
ver|wah|ren, sie verwahrt etwas
ver|wal|ten, er verwaltet, die Verwaltung
ver|wan|deln, sie verwandelt, die Verwandlung

A B C D E F G H I J K L M N O P Q R S T U V W X Y Z

verwandt, die Verwandtschaft, die Verwandte
verwechseln, er verwechselt, die Verwechslung
verweigern, sie verweigert, die Verweigerung
der **Verweis**, die Verweise
verwelken, sie verwelkt
verwenden → wenden, die Verwendung
verwirren, er verwirrt, die Verwirrung
verwittern, es verwittert, die Verwitterung
verwöhnen, sie verwöhnt
verwunden, er verwundet sich, die Verwundung, die Verwundeten, verwundbar
verwundert, verwundern, die Verwunderung
verzaubert, die Verzauberung
verzehren, sie verzehrt, der Verzehr
das **Verzeichnis**, die Verzeichnisse, verzeichnen
verzeihen, er verzeiht, ich verzieh, sie hat verziehen, die Verzeihung
verzichten, sie verzichtet, der Verzicht
verzieren, er verziert, die Verzierung
verzögern → zögern, die Verzögerung
verzweifeln, sie verzweifelt, die Verzweiflung
die [das] **Vesper** (Mahlzeit), die Vespern, vespern
der **Vetter**, die Vettern
vibrieren, es vibriert
das **Video**, die Videos, die Videothek
das **Vieh**, die Viehzucht
viel, mehr, am meisten, vielfältig, vielmals, Vergleich: fiel → *fallen*
vielleicht
vier, vierzehn, vierzig, vierfach, viertens, das Viereck, viereckig
das **Viertel**, die Viertel, eine Viertelstunde
die **Villa**, die Villen
violett
die **Violine** (Geige), die Violinen
der [das] **Virus**, die Viren
die **Visite**, die Visiten
das **Visum**, die Visa [Visen]
das **Vitamin**, die Vitamine
die **Vitrine**, die Vitrinen
der **Vogel**, die Vögel

die **Vokabel**, die Vokabeln
der **Vokal** (Selbstlaut), die Vokale
das **Volk**, die Völker
voll, völlig, vollenden, vollkommen, vollständig
der **Volleyball**, die Volleybälle
vom (von dem)
von, voneinander
vor
voran, voranlaufen
voraus, voraussichtlich, die Voraussetzung, im Voraus
vorbei, vorbeilaufen
vorbereiten, er bereitet vor, die Vorbereitung
vorbeugen, sie beugt vor, die Vorbeugung
das **Vorbild**, die Vorbilder, vorbildlich
vordere, das Vorderrad
die **Vorfahrt**
der **Vorfall**, die Vorfälle
der **Vorgang**, die Vorgänge, vorgehen, die Vorgänger
die **Vorgesetzte**, die Vorgesetzten
vorgestern
vorhanden
der **Vorhang**, die Vorhänge
vorher, die Vorhersage
vorhin
vorig, vorige Woche
vorkommen → *kommen*, es kommt vor
die **Vorlage**, die Vorlagen
vorläufig
vorlaut, vorlaut sein
vorlegen, er legt vor
vorlesen, sie liest vor, ich las vor, er hat vorgelesen
der **Vormittag**, die Vormittage, am Vormittag, vormittags
vorn, vorne, vornüber
der **Vorname**, die Vornamen
vornehm
der **Vorort**, die Vororte
der **Vorrat**, die Vorräte, vorrätig
vorsagen → sagen
der **Vorsatz**, die Vorsätze
die **Vorschau**
der **Vorschlag**, die Vorschläge
die **Vorschrift**, die Vorschriften
die **Vorsicht**, vorsichtig
die **Vorsilbe**, die Vorsilben
der **Vorsprung**
der **Vorstand**, die Vorstände
die **Vorstellung**, die Vorstellungen, vorstellen
der **Vorteil**, die Vorteile, vorteilhaft
der **Vortrag**, die Vorträge, vortragen

vortrefflich
vorüber, vorübergehend
die **Vorwahl**, die Vorwahlen
vorwärts
vorwiegend
der **Vorwurf**, die Vorwürfe, vorwerfen
der **Vorzug**, die Vorzüge, vorzüglich
der **Vulkan**, die Vulkane, vulkanisch

W

die **Waage**, die Waagen, waagerecht [waagrecht]
die **Wabe**, die Waben
die **Wache**, die Wachen, die Wächter
wachen, sie wacht, wach, wachsam, die Wachsamkeit
das **Wachs**, die Wachse, das Bienenwachs
wachsen, er wächst, ich wuchs, sie ist gewachsen, das Gewächs, der Wuchs, das Wachstum
wackeln, sie wackelt, wackelig [wacklig]
die **Wade**, die Waden
die **Waffe**, die Waffen
die **Waffel**, die Waffeln
wagen, er wagt, das Wagnis, waghalsig
der **Wagen**, die Wagen, das Wagenrad
der **Waggon** [Wagon], die Waggons
die **Wahl**, die Wahlen, die Wähler, wählen, Vergleich: → Wal
wahnsinnig, der Wahnsinn
wahr, die Wahrheit, wahrscheinlich, wahrlich, Vergleich: → war
während, währenddessen
wahrnehmen → *nehmen*, die Wahrnehmung
wahrsagen, er wahrsagt, die Wahrsagerin
wahrscheinlich
die **Währung**, die Währungen
das **Wahrzeichen**, die Wahrzeichen
die **Waise**, die Waisen, das Waisenkind, Vergleich: → Weise
der **Wal** (Meerestier), die Wale, Vergleich: → Wahl

der **Wald**, die Wälder
der **Wall** (Erdwall), die Wälle
die **Wallfahrt**, die Wallfahrten
die **Walnuss**, die Walnüsse
das **Walross**, die Walrosse
die **Walze**, die Walzen, walzen
wälzen, er wälzt sich
der **Walzer** (Tanz)
die **Wand**, die Wände
der **Wandel**, wandeln
wandern, sie wandert, die Wanderer [Wandrer], die Wanderung
die **Wange**, die Wangen
wanken, er wankt
wann
die **Wanne**, die Wannen
die **Wanze**, die Wanzen
das **Wappen**, die Wappen
war → *sein*, es war einmal, Vergleich: → wahr
wäre → *sein*, das wäre schön
die **Ware**, die Waren
warm, wärmer, am wärmsten
die **Wärme**, wärmen, die Wärmflasche
warnen, sie warnt, die Warnung
Warschau (Hauptstadt von Polen)
ihr **wart**, du warst → *sein*
warten, er wartet, das Wartezimmer, die Wärter
warum
die **Warze**, die Warzen
was
die **Wäsche**, die Wäscherei, der Waschlappen
waschen, sie wäscht, ich wusch, er hat gewaschen
das **Wasser**, wasserdicht, der Wasserhahn, wässrig
waten, er watet durch das Watt
die **Watsche** (Ohrfeige), die Watschen
watscheln, sie watschelt
das **Watt**, 40 Watt, das Wattenmeer
die **Watte**, wattiert
das **WC** (Toilette), die WCs [WC]
weben, er webt, der Webrahmen
wechseln, sie wechselt, der Wechsel
der **Weck** (Brötchen) [die Wecke, der Wecken], die Wecke [Wecken]
wecken, sie weckt ihn auf, der Wecker
wedeln, er wedelt
weder, weder er noch sie
weg, er geht weg, wegfahren, weggehen, weglaufen, wegnehmen, wegwerfen

A B C D E F G H I J K L M N O P Q R S T U V W X Y Z

der **Weg**, die Wege, der Wegweiser
we|gen, wegen der Tiere
weh, es tut weh, wehleidig
die **We|he**, die Wehen, die Schneewehe, die Geburtswehen
we|hen, der Wind weht
weh|ren, sie wehrt sich, wehrlos
das **Weh|weh|chen**, die Wehwehchen
das **Weib**, die Weiber, weiblich
weich
die **Wei|che**, die Weichen
wei|chen, er weicht, ich wich, sie ist gewichen
die **Wei|de**, die Weiden
wei|den (grasen), es weidet
sich **wei|gern**, sie weigert sich, die Weigerung
wei|hen, die Weihe, der Weihrauch
der **Wei|her** (Teich), die Weiher
Weih|nach|ten, die Weihnacht, weihnachtlich, der Weihnachtsbaum
weil
die **Wei|le**, nach einer Weile
der **Wein**, die Weine, die Weinlese
wei|nen, sie weint, weinerlich
wei|se, weise sein, die Weisheit, die Weisen, weismachen
die **Wei|se**, die Art und Weise, Vergleich: → Waise
wei|sen, er weist die Richtung, ich wies, sie hat gewiesen
weiß
Weiß|russ|land, die Weißrussen, weißrussisch
weit, weiter, am weitesten, ohne Weiteres, die Weite
wei|ter|fah|ren → *fahren*, weitergehen, weiterlaufen, weitersagen
weit|sich|tig
der **Wei|zen**, das Weizenmehl
welch, welche, welcher, welches
wel|ken, die Blume welkt, sie ist welk
die **Wel|le**, die Wellen
der **Wel|len|sit|tich**, die Wellensittiche
der **Wel|pe**, die Welpen
die **Welt**, die Welten, das Weltall, weltberühmt
wem, wem gehört es?
wen, wen magst du?
die **Wen|del|trep|pe**,

die Wendeltreppen
wen|den, er wendet das Auto, wendig, die Wendung
wen|den, er wendet sich an sie, ich wandte, sie hat gewandt
we|nig, wenigstens
wenn, wenn ich reich wäre, ...
wer, wer bist du?
wer|ben, sie wirbt, ich warb, er hat geworben, die Werbung
wer|den, du wirst, er wird, ich wurde, sie ist geworden
wer|fen, sie wirft, ich warf, er hat geworfen, der Wurf
die **Werft**, die Werften
das **Werk**, die Werke, die Werkstatt, das Werkzeug, werktags
der **Wert**, die Werte, wertvoll, wertlos, wert sein, werten
das **We|sen**, die Wesen
we|sent|lich
die **We|ser** (Fluss)
wes|halb
die **Wes|pe**, die Wespen
wes|sen
die **Wes|te**, die Westen
der **Wes|ten**, westlich, der Western
West|fa|len, die Westfalen, westfälisch
wes|we|gen

wet|ten, er wettet, die Wette, der Wettbewerb
das **Wet|ter**, der Wetterbericht, die Wettervorhersage
wet|zen, sie wetzt ein Messer
der **Wicht**, die Wichte, das Wichtelmännchen
wich|tig, die Wichtigkeit
wi|ckeln, er wickelt, der Wickel
der **Wid|der**, die Widder
wi|der (gegen, entgegen), der Widerwille, widerwillig, der Widerstand, widersprechen, der Widerspruch, widerrufen, die Widerworte, widerlegen, widerlich,
Vergleich: → wieder
wid|men, er widmet, die Widmung
wie, wie viel?, wie bitte?
wie|der (noch mal, erneut), wiederholen, wiederum, die Wiederholung, das Wiedersehen,
Vergleich: → wider
wie|gen (Gewicht), er wiegt, ich wog, sie hat gewogen
wie|gen (schaukeln), sie wiegt, die Wiege
wie|hern, es wiehert

Wien (Hauptstadt von Österreich), die Wiener, wienerisch
Wiesbaden
die Wiese, die Wiesen
das Wiesel, die Wiesel
wieso, wieso ist es so?
das Wiewort (Adjektiv), die Wiewörter
der Wikinger, die Wikinger
wild, wilder, am wildesten, wildfremd
das Wild, die Wildnis, das Wildschwein
der Wille, willensstark, willig
willkommen
willkürlich, die Willkür
Wilna (Hauptstadt von Litauen)
wimmeln, es wimmelt
wimmern, sie wimmert
der Wimpel, die Wimpel
die Wimper, die Wimpern
der Wind, die Winde, windig, windstill, die Windstärke
die Windel, die Windeln
winden, er windet, ich wand, sie hat gewunden, die Windung
der Winkel, die Winkel
winken, sie winkt
winseln, sie winselt, das Winseln
der Winter, die Winter, winterlich
der Winzer, die Winzer
winzig, winziges, winziger, der Winzling
der Wipfel, die Wipfel
wippen, er wippt, die Wippe
wir
wirbeln, sie wirbelt, der Wirbel, der Wirbelwind, die Wirbelsäule
wird → *werden*
wirken, es wirkt, die Wirkung, wirksam
wirklich, die Wirklichkeit
wirr, der Wirrwarr
der Wirsing (Wirsingkohl)
die Wirtin, die Wirte, der Wirt, das Wirtshaus
die Wirtschaft, wirtschaften
wischen, er wischt, der Wischer
wispern, sie wispert
wissen, er weiß, ich wusste, sie hat gewusst, das Wissen, die Wissenschaft, die Wissenschaftler
wittern, er wittert, die Witterung
die Witwe, die Witwen, der Witwer
der Witz, die Witze, witzig, der Witzbold, witzlos

wo
woanders
wobei
die **Woche**, die Wochen, wochenlang, wöchentlich, das Wochenende
wodurch
wofür
die **Woge**, die Wogen
woher, wohin
wohl, wohlhabend, der Wohlstand, das Wohl
wohnen, sie wohnt, die Wohnung, wohnlich
wölben, es wölbt sich
der **Wolf**, die Wölfe
die **Wolke**, die Wolken, wolkig
die **Wolle**, das Wollknäuel
wollen, er will, ich wollte, sie hat gewollt
woran, womit, worauf, woraus, worin, worüber, worum, wovon, wovor, wozu
das **Wort**, die Wörter [Worte], wörtlich, das Wörterbuch
das **Wrack**, die Wracks [Wracke]
wringen, sie wringt, ich wrang, er hat gewrungen
wuchern, es wuchert
die **Wucht**, wuchtig
wühlen, er wühlt
die **Wunde**, die Wunden, wund
das **Wunder**, die Wunder, wunderbar, wundervoll
sich **wundern**, sie wundert sich
der **Wunsch**, die Wünsche, wünschen
die **Würde**, die Würden
der **Wurf**, die Würfe
der **Würfel**, die Würfel, würfeln
würgen, er würgt
der **Wurm**, die Würmer, wurmstichig
die **Wurst**, die Würste, das Würstchen
die **Würze**, würzen, würzig
die **Wurzel**, die Wurzeln
die **Wüste**, die Wüsten, wüst
die **Wut**, wütend, wüten

X

die **X-Beine**
x-beliebig
x-fach
x-mal
das **Xylofon** [Xylophon] (Musikinstrument), die Xylofone

A B C D E F G H I J K L M N O P Q R S T U V W X Y Z

Y

der **Yak** [Jak] (asiatisches Rind), die Yaks
der **Yen** (japanische Währung), die Yen [Yens]
der **Yeti**, die Yetis
das [der] **Yoga** [Joga]
das **Ypsilon**, die Ypsilons

Z

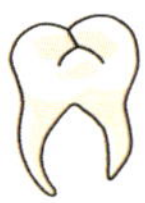

die **Zacke** [der Zacken], die Zacken, zackig, gezackt
zaghaft
Zagreb (Hauptstadt von Kroatien)
zäh, zäher, am zähesten, die Zähigkeit
die **Zahl**, die Zahlen, zahllos, zahlreich
zahlen, er zahlt, die Zahlung
zählen, sie zählt, der Zähler, die Zählung
zahm, zähmen, gezähmt, die Zähmung
der **Zahn**, die Zähne, die Zahnpasta
die **Zange**, die Zangen
zanken, sie zankt, zänkisch, der Zank
der **Zapfen**, die Zapfen, das Zäpfchen, zapfen
zappeln, er zappelt, zappelig [zapplig]
zart, die Zartheit
zärtlich, die Zärtlichkeit
zaubern, sie zaubert, die Zauberei, die Zauberer
der **Zaum**, die Zäume, das Zaumzeug
der **Zaun**, die Zäune
das **Zebra**, die Zebras
die **Zeche**, die Zechen
die **Zecke**, die Zecken
der **Zeh** [die Zehe], die Zehen, die Zehenspitzen
zehn, zehntausend, zehnfach, zehntens, der Zehner, ein Zehntel
zehren, er zehrt
das **Zeichen**, die Zeichen
zeichnen, er zeichnet, die Zeichnung, die Zeichner
zeigen, sie zeigt, der Zeiger, der Zeigefinger

die **Zeile**, die Zeilen
die **Zeit**, die Zeiten, eine Zeit lang, zeitgemäß, zeitig, zeitweise, der Zeitvertreib
die **Zeitschrift**, die Zeitschriften
die **Zeitung**, die Zeitungen
die **Zelle**, die Zellen
das **Zelt**, die Zelte, zelten
der **Zement**, zementieren
die **Zensur**, die Zensuren, zensieren
der [das] **Zentimeter** [cm], die Zentimeter
der **Zentner** [Ztr.], die Zentner
zentral, die Zentrale
das **Zentrum**, die Zentren
der **Zeppelin**, die Zeppeline
zerbrechen, er zerbricht, ich zerbrach, sie ist/hat zerbrochen, zerbrechlich
zerdrücken, sie zerdrückt
zerfetzen, sie zerfetzt
zerkleinern, er zerkleinert
zerknüllen, sie zerknüllt
zerquetschen, er zerquetscht
zerreißen → *reißen*
zerren, er zerrt, die Zerrung
zersplittern, es zersplittert
zerstören, sie zerstört, die Zerstörung
zerstreuen → streuen, die Zerstreuung
zetern, er zetert
der **Zettel**, die Zettel
das **Zeug**
der **Zeuge**, die Zeugen
das **Zeugnis**, die Zeugnisse
die **Zicke** (Ziege), die Zicken, zickig
im **Zickzack** rennen
die **Ziege**, die Ziegen
der **Ziegel**, die Ziegel
ziehen, sie zieht, ich zog, er hat gezogen, die Ziehung
das **Ziel**, die Ziele, zielen, ziellos, zielstrebig
ziemlich
die **Zier** [Zierde], die Zierleiste
sich **zieren**, er ziert sich
zierlich
die **Ziffer**, die Ziffern
die **Zigarette**, die Zigaretten
die **Zigarre**, die Zigarren
das **Zimmer**, die Zimmer, der Zimmermann
zimperlich
der **Zimt**, Zimt und Zucker
das **Zink**, das Zinkblech
das **Zinn** (Metall)
der **Zins**, die Zinsen

A B C D E F G H I J K L M N O P Q R S T U V W X Y Z

der **Zipfel**, die Zipfel, die Zipfelmütze
der **Zirkel**, die Zirkel
der **Zirkus** [Circus], die Zirkusse
zirpen, die Grille zirpt
zischen, es zischt
die **Zisterne**, die Zisternen
das **Zitat**, die Zitate, zitieren
die **Zitrone**, die Zitronen, die Zitrusfrucht
zittern, sie zittert, zittrig [zitterig]
die **Zitze**, die Zitzen
zivil, die Zivilisten, die Zivilisation
zögern, er zögert, zögernd
der **Zoll**, die Zölle, die Zöllner, verzollen
der **Zollstock**, die Zollstöcke
die **Zone**, die Zonen
der **Zoo**, die Zoos
zoomen, sie zoomt, Zoomobjektiv
der **Zopf**, die Zöpfe
der **Zorn**, zornig
zottelig [zottlig]
zu
zuallererst, zuallerletzt
das **Zubehör**
zubereiten, er bereitet zu, die Zubereitung
die [der] **Zucchini** (Gemüse), die Zucchini
die **Zucht**, züchten, die Züchtung
zucken, sie zuckt, die Zuckung
der **Zucker**, zuckern, zuckersüß
zudecken, sie deckt zu, zugedeckt
zueinander
zu Ende
zuerst
die **Zufahrt**, die Zufahrten
der **Zufall**, die Zufälle, zufällig
zufrieden, zufrieden sein, die Zufriedenheit
der **Zug**, die Züge
zugeben → *geben*, die Zugabe
der **Zügel**, die Zügel, zügeln
zügig (schnell)
zugleich
zugrunde [zu Grunde] gehen
zugunsten [zu Gunsten]
zuhalten → *halten*
das **Zuhause**, unser Zuhause, zu Hause [zuhause] sein
zuhören, sie hört zu, die Zuhörer
zuklappen → klappen
zukleben → kleben

zuknöpfen, sie knöpft zu zugeknöpft
die Zukunft, zukünftig
zulassen → *lassen*
zulässig
zuletzt
zuliebe, mir zuliebe
zum (zu dem)
zum Beispiel [z.B.]
zumachen → machen
zumindest
zumuten, er mutet zu, die Zumutung
zunächst
der Zuname (Familienname), die Zunamen
zünden, sie zündet, die Zündung, zündeln
zunehmen, er nimmt zu, die Zunahme
die Zuneigung
zünftig
die Zunge, die Zungen
züngeln, sie züngelt
zupfen, er zupft
zur (zu der)
zurechtkommen → *kommen,* sich zurechtfinden
zürnen, er zürnt
zurück, zurückgeben, zurückgehen, zurückkehren, zurückkommen
der Zuruf, die Zurufe, zurufen
zurzeit (jetzt)
die Zusage, die Zusagen
zusammen, zusammen sein
die Zusammenarbeit, zusammenarbeiten
zusammenbrechen, er bricht zusammen, der Zusammenbruch
zusammenfassen, er fasst zusammen, die Zusammenfassung
zusammenhängen, es hängt zusammen, der Zusammenhang
zusammensetzen, sie setzt zusammen, die Zusammensetzung
zusammenstoßen, er stößt zusammen, der Zusammenstoß
der Zusatz, die Zusätze
zusätzlich
der Zuschauer, die Zuschauer, zuschauen
zuschließen → *schließen*
zusehen → *sehen*

A B C D E F G H I J K L M N O P Q R S T U V W X Y Z

zu|se|hends
der **Zu|stand**, die Zustände, zustande bringen
zu|stän|dig
zu|stim|men, sie stimmt zu, die Zustimmung
die **Zu|tat**, die Zutaten
zu|trau|lich, das Zutrauen
der **Zu|tritt**, kein Zutritt
zu|ver|läs|sig, die Zuverlässigkeit
zu|ver|sicht|lich, die Zuversicht
zu viel, zu viele
zu|vor, zuvorkommen
zu|wei|len
die **Zu|wen|dung**, die Zuwendungen
zu we|nig, zu wenige
zu|wi|der
der **Zwang**, die Zwänge, zwängen, gezwängt
zwan|zig, zwanzigfach
zwar
der **Zweck**, die Zwecke, zwecklos, zwecks, zweckmäßig
zwei, zweimal, zu zweit, zweideutig, zweierlei, zweifach, zweitens
der **Zwei|fel**, die Zweifel, zweifeln, zweifellos, zweifelhaft
der **Zweig**, die Zweige
der **Zwerg**, die Zwerge
die **Zwet|sche** (Pflaume) [Zwetschge, Zwetschke], die Zwetschen
zwi|cken, sie zwickt, die Zwickmühle
der **Zwie|back**, die Zwiebäcke
die **Zwie|bel**, die Zwiebeln
zwie|späl|tig, der Zwiespalt
der **Zwil|ling**, die Zwillinge
zwin|gen, er zwingt, ich zwang, sie hat gezwungen
der **Zwin|ger** (Tierkäfig), die Zwinger
zwin|kern, sie zwinkert
zwir|beln, sie zwirbelt
der **Zwirn**, die Zwirne
zwi|schen, zwischendurch, der Zwischenfall
der **Zwist** (Streit), die Zwiste
zwit|schern, der Vogel zwitschert
zwölf, zwölffach, zwölfmal, zwölftens
der **Zy|lin|der**, die Zylinder, der Zylinderhut, zylindrisch
Zy|pern, die Zyprer, zyprisch

Englisch

Deutsch – Englisch

A

Abend	*evening*
Abendessen	*dinner*
aber	*but*
Abfall	*rubbish*
acht	*eight*
achtzehn	*eighteen*
achtzig	*eighty*
Affe	*monkey*
Afrika	*Africa*
alle	*all, everybody*
alt	*old*
Amerika	*America*
amerikanisch	*American*
Ampel	*traffic lights*
an	*at, by*
Ananas	*pineapple*
ändern	*to change*
anfangen	*to begin*
Angst	*fear*
anhalten	*to stop*
ankommen	*to arrive*
Anorak	*anorak*
anrufen	*to call*
anschauen	*to watch*
Antwort	*answer*
anziehen	*to put on*
Apfel	*apple*
Apfelsine	*orange*
April	*April*
arbeiten	*to work*
Arbeitsstelle	*job*
arm	*poor*
Arm	*arm*
Armbanduhr	*watch*
Arzt, Ärztin	*doctor*
Asien	*Asia*
atmen	*to breathe*
auch	*too, also*
auf	*on*
Auf Wiedersehen	*goodbye*
aufstehen	*to get up*
Auge	*eye*
Augenblick	*moment*
August	*August*
aus	*from*
Ausflug	*trip*
Ausgang	*exit*
Australien	*Australia*
ausziehen	*to take off*
Auto	*car*

B

Baby	*baby*
backen	*to bake*
Bäcker	*baker*
Bäckerei	*bakery*
Backofen	*oven*
baden	*to bathe*
Badezimmer	*bathroom*
Bahnhof	*station*
Ball	*ball*
Banane	*banana*
Bär	*bear*
Bauch	*tummy*
bauen	*to build*
Bauer, Bäuerin	*farmer*
Bauernhof	*farm*
Baum	*tree*
Beere	*berry*
bei	*at, by*
Bein	*leg*
Beispiel	*example*
bekommen	*to get*
benutzen	*to use*
beobachten	*to watch*
bequem	*comfortable*
Berg	*mountain*
Besen	*broom*
besichtigen	*to visit*
besser	*better*
Bett	*bed*
beugen	*to bend*
bezahlen	*to pay*
Bild	*picture*
billig	*cheap*
Birne	*pear*
bitte	*please*
Blatt	*leaf* (pl.: leaves)
blau	*blue*
bleiben	*to stay*
Bleistift	*pencil*
Blume	*flower*
Bluse	*blouse*
Boden	*floor*
Bohne	*bean*
Boot	*boat*
böse	*bad*
braten	*to fry*
brauchen	*to need*
braun	*brown*
Brief	*letter*
Briefkasten	*letter box*
Briefmarke	*stamp*
Brille	*glasses*

Brot	*bread*
Brötchen	*roll*
Brücke	*bridge*
Bruder	*brother*
Buch	*book*
Burg, Schloss	*castle*
Bürste	*brush*
Bus	*bus*
Bushaltestelle	*bus stop*
Butter	*butter*

C

Computer	*computer*

D

da, dort	*there*
Dach	*roof*
danke	*thank you*
Datum	*date*
dein	*your*
Delfin	*dolphin*
denken	*to think*
der, die, das	*the*
deutsch	*German*
Deutschland	*Germany*
Dezember	*December*
Dienstag	*Tuesday*
dies, dieses	*this*
Donnerstag	*Thursday*
doppelt	*double*
Dorf	*village*
Drachen	*kite*
dreckig	*dirty*
drehen	*to turn*
drei	*three*
dreißig	*thirty*
dreizehn	*thirteen*
du	*you*
dumm	*stupid*
dunkel	*dark*
dünn	*thin*
durch	*through*
dürfen	*may*
durstig	*thirsty*
Dusche	*shower*

E

Ecke	*corner*
Ei	*egg*
ein	*a, an*
einfach	*easy*

Eingang	*entrance*
einhundert	*one hundred*
einige	*some*
einkaufen	*to go shopping*
Einladung	*invitation*
eins	*one*
Eiscreme	*ice cream*
Elefant	*elephant*
elf	*eleven*
Eltern	*parents*
Engel	*angel*
England	*England*
englisch	*English*
Ente	*duck*
Entschuldigung!	*sorry*
er	*he*
Erdbeere	*strawberry*
Erde	*earth*
erste, erster	*first*
erzählen	*to tell*
es	*it*
essen	*to eat*
Essen	*food*
Esszimmer	*dining room*
etwa	*about*
euer, eure	*your*

F

Fahne	*flag*
Fahrer	*driver*
Fahrkarte	*ticket*
Fahrrad	*bike*
Fahrrad fahren	*to cycle, to ride*
fallen	*to fall*
falsch	*wrong*
Familie	*family*
fangen	*to catch*
Farbe	*colour*
Februar	*February*
Feder	*feather*
Feier	*party*
fein	*fine*
Feld	*field*
Felsen	*rock*
Fenster	*window*
Ferien	*holidays*
fern	*far*
fernsehen	*to watch TV*
Fernseher	*television*
Feuer	*fire*
finden	*to find*
Finger	*finger*
Fisch	*fish* (pl.: fish)

Flasche	*bottle*
Fleisch	*meat*
Fliege	*fly*
fliegen	*to fly*
Flug	*flight*
Flügel	*wing*
Flughafen	*airport*
Flugzeug	*plane*
Flur	*hall*
Fluss	*river*
folgen	*to follow*
Frage	*question*
fragen	*to ask*
Frau	*woman (pl.: women)*
Freitag	*Friday*
Freund, Freundin	*friend*
freundlich	*friendly*
Frohe Weihnachten!	*Merry Christmas!*
frostig	*frosty*
Früchte	*fruit*
früh	*early*
Frühling	*spring*
Frühstück	*breakfast*
Fuchs	*fox*
Füller	*fountain pen*
fünf	*five*
fünfzehn	*fifteen*
fünfzig	*fifty*
für	*for*
Fuß	*foot (pl.: feet)*
Fußball	*football*
Fußgänger	*pedestrian*
füttern	*to feed*

G

Gabel	*fork*
Garten	*garden*
Gast	*guest*
geben	*to give*
Geburtstag	*birthday*
gefährlich	*dangerous*
Gefühl	*feeling*
gegenüber	*opposite*
geheim	*secret*
gehen	*to go*
gehören	*to belong*
gelb	*yellow*
Geld	*money*
Gemüse	*vegetable*
genug	*enough*
geradeaus	*straight ahead*
Geschäft	*shop*
Geschenk	*present*

Geschichte	*story*
geschlossen	*closed*
Gesicht	*face*
Gespenst	*ghost*
gestern	*yesterday*
Getränk	*drink*
Giraffe	*giraffe*
Gitarre	*guitar*
Glas (Trinkgl.)	*glass*
glücklich	*happy*
Gras	*grass*
grau	*grey*
groß	*big, large, great*
großartig	*great*
grün	*green*
Gurke	*cucumber*
Gürtel	*belt*
gut	*good, well*

H

Haar, Haare	*hair*
haben	*to have*
halb	*half*
hallo	*hello*
Halloween	*Halloween*
Hals	*neck*
Hamster	*hamster*
Hand	*hand*
Handschuhe	*gloves*
Handtuch	*towel*
hängen	*to hang*
Hauptstadt	*capital*
Haus	*house*
Hausaufgaben	*homework*
Haustier	*pet*
Haut	*skin*
Heft (Schulheft)	*exercise book*
Hefter	*folder*
heiraten	*to marry*
heiß	*hot*
helfen	*to help*
hellblau	*light blue*
Helm	*helmet*
Hemd	*shirt*
Herbst	*autumn*
Herd	*cooker*
Herz	*heart*
heute	*today*
hier	*here*
Himmel	*sky*
hinauf	*up*
hinter	*behind*
hinunter	*down*

A B C D E F G H I J K L M N O P Q R S T U V W X Y Z

Hobby	*hobby*
hoch	*high*
Honig	*honey*
hören	*to hear*
Hose	*trousers*
Hügel	*hill*
Huhn	*chicken*
Hund	*dog*
hundert	*hundred*
hungrig	*hungry*
Hut	*hat*

I

ich	*I*
ihm, ihn	*him*
ihr	*you; her, their*
immer	*always*
in	*in*
innen	*inside*
Insel	*island*
Irland	*Ireland*

J

ja	*yes*
Jacke	*jacket*
Jahr	*year*
Jahreszeit	*season*
Januar	*January*
Jeans	*jeans*
jeder	*everybody*
jetzt	*now*
Joghurt	*yoghurt*
Juli	*July*
jung	*young*
Junge	*boy*
Juni	*June*

K

Kaffee	*coffee*
Käfig	*cage*
Kalender	*calendar*
kalt	*cold*
Kamel	*camel*
Kamm	*comb*
Känguru	*kangaroo*
Kaninchen	*rabbit*
Karte (Landkarte)	*map*
Kartoffel	*potato*
Käse	*cheese*
Katze	*cat*
kaufen	*to buy*

Keks	*biscuit*
Keller	*cellar*
Kerze	*candle*
Ketchup	*ketchup*
Kind	*child* (pl.: children)
Kino	*cinema*
Kirche	*church*
Kirsche	*cherry*
Kiste	*box*
Klasse	*class*
Klassenzimmer	*classroom*
Klavier	*piano*
Kleber	*glue*
Kleid	*dress*
Kleidung	*clothes*
klein	*little, small*
klettern	*to climb*
klingeln	*to ring*
Knie	*knee*
Knopf	*button*
kochen	*to cook*
Koffer	*suitcase*
kommen	*to come*
König	*king*
Königin	*queen*
können	*can*
Kopf	*head*
Körper	*body*
krank	*ill, sick*
Krankenhaus	*hospital*
Kreide	*chalk*
Kreis	*circle*
Kreuzung	*crossroads*
Krieg	*war*
Krokodil	*crocodile*
Küche	*kitchen*
Kuchen	*cake*
Kuh	*cow*
Kühlschrank	*fridge*
Kürbis	*pumpkin*
kurz	*short*
küssen	*to kiss*
Küste	*coast*

L

Lampe	*lamp*
Land	*country*
lang	*long*
langsam	*slow*
lassen	*to let*
laut	*loud*
leben	*to live*
Lebensmittel	*food*

leer	*empty*
legen	*to put*
Lehrer(in)	*teacher*
leicht	*easy*
Leiter	*ladder*
lernen	*to learn*
lesen	*to read*
Leute	*people*
Licht	*light*
lieben	*to love*
Lieblings...	*favourite ...*
Lied	*song*
lila	*purple*
Lineal	*ruler*
links	*left*
Lippe	*lip*
Löffel	*spoon*
Löwe	*lion*
lustig	*funny*
Lutscher	*lolly*

M

machen	*to do, to make*
Mädchen	*girl*
Mai	*May*
malen	*to paint*
Mann	*man (pl.: men)*
Mannschaft	*team*
Mantel	*coat*
Mäppchen	*pencil case*
Markt	*market*
Marmelade	*jam, marmalade*
März	*March*
Mathematik	*maths*
Maus	*mouse (pl.: mice)*
Meer	*sea*
mehr	*more*
mein, meine	*my*
Messer	*knife (pl.: knives)*
Metzger	*butcher*
Milch	*milk*
Mineralwasser	*mineral water*
Minute	*minute*
mir, mich	*me*
mit	*with*
Mittagessen	*lunch*
Mittwoch	*Wednesday*
mögen	*to like*
Möhre	*carrot*
Monat	*month*
Mond	*moon*
Montag	*Monday*
morgen	*tomorrow*

Morgen	*morning*
Motorrad	*motorbike*
müde	*tired*
Müll	*rubbish*
Mund	*mouth*
Musik	*music*
müssen	*must*
Mutter	*mother (mum)*
Mütze	*cap*

N

nach	*after*
Nachmittag	*afternoon*
Nacht	*night*
nah	*near*
Name	*name*
Nase	*nose*
nass	*wet*
Nebel	*fog*
neben	*next to*
neblig	*foggy*
nehmen	*to take*
nein	*no*
Nest	*nest*
nett	*nice*
neu	*new*
neun	*nine*
neunzehn	*nineteen*
neunzig	*ninety*
nicht	*not*
nie	*never*
Nilpferd	*hippo*
Norden	*north*
November	*November*
Null	*zero*
nur	*only*
Nuss	*nut*

O

oben (im Haus)	*upstairs*
Obst	*fruit*
offen	*open*
ohne	*without*
Ohr	*ear*
okay	*okay, OK*
Oktober	*October*
Oma	*grandmother, grandma*
Onkel	*uncle*
Opa	*grandfather, grandpa*
orange	*orange*

A B C D E F G H I J K L M N O P Q R S T U V W X Y Z

Orangensaft	*orange juice*
Osterei	*Easter egg*
Ostern	*Easter*

P

Palast	*palace*
Pampelmuse	*grapefruit*
Papa	*dad, daddy*
Paprika	*bell pepper*
Park	*park*
Pause	*break*
Pfanne	*pan*
Pfeffer	*pepper*
Pferd	*horse*
Pfirsich	*peach*
Pflaume	*plum*
Pilz	*mushroom*
Pinguin	*penguin*
pink	*pink*
Pinsel	*paintbrush*
Pizza	*pizza*
Platz	*place*
Polizei	*police*
Pommes frites	*chips*
Post	*post office*
Pullover	*pullover*
Puppe	*doll*
Puzzle	*puzzle*

R

Radiergummi	*rubber*
Radio	*radio*
Raupe	*caterpillar*
rechts	*right*
Regal	*shelves*
Regen	*rain*
Regenbogen	*rainbow*
Regenschauer	*shower*
Regenschirm	*umbrella*
regnerisch	*rainy*
reisen	*to travel*
reiten, fahren	*to ride*
Rennauto	*racing car*
rennen	*to run*
reparieren	*to repair*
Rock	*skirt*
Rose	*rose*
rot	*red*
Rücken	*back*
Rutsche	*slide*

S

Saft	*juice*
sagen	*to say*
Salat	*salad*
Salz	*salt*
sammeln	*to collect*
Samstag	*Saturday*
Sandalen	*sandals*
Sandkasten	*sandpit*
Sandwich	*sandwich*
sauber	*clean*
sauer	*sour*
Schachtel	*box*
Schaf	*sheep (pl.: sheep)*
Schal	*scarf (pl.: scarves)*
Schauer	*shower*
Schaukel	*swing*
scheinen	*to shine*
Schere	*scissors*
schicken	*to send*
Schiff	*ship*
Schildkröte	*tortoise*
Schinken	*ham*
Schlafzimmer	*bedroom*
Schlange	*snake*
schlecht	*bad*
schließen	*to close, to shut*
Schlitten	*sledge*
Schloss, Burg	*castle*
schmecken	*to taste*
Schmetterling	*butterfly*
schmutzig	*dirty*
Schnee	*snow*
Schneeball	*snowball*
schneiden	*to cut*
schnell	*fast*
Schokolade	*chocolate*
schön	*beautiful, nice*
Schornstein	*chimney*
Schottland	*Scotland*
Schrank (für Kleider)	*wardrobe*
schreiben	*to write*
Schreibtisch	*desk*
Schuh	*shoe*
Schule	*school*
Schüler(in)	*pupil*
Schultasche	*schoolbag*
Schulter	*shoulder*
Schüssel	*bowl*
schütteln	*to shake*
schwarz	*black*
Schwein	*pig*
Schwester	*sister*

schwierig	*difficult*
schwimmen	*to swim*
sechs	*six*
sechzehn	*sixteen*
sechzig	*sixty*
See	*lake*
Seehund	*seal*
sehen	*to see*
sehr	*very*
Seife	*soap*
Seil	*rope*
sein (Verb)	*to be*
sein, seine	*his*
Seite	*page*
Sekunde	*second*
September	*September*
sie (Einzahl)	*she, her*
sie (Mehrzahl)	*they, them*
sieben	*seven*
siebzehn	*seventeen*
siebzig	*seventy*
Sieger(in)	*winner*
singen	*to sing*
sitzen	*to sit*
Skateboard	*skateboard*
Snowboard	*snowboard*
Socken	*socks*
Sofa	*sofa*
Sohn	*son*
Sommer	*summer*
Sonne	*sun*
Sonnenbrille	*sunglasses*
sonnig	*sunny*
Sonntag	*Sunday*
Spaghetti	*spaghetti*
Spaß	*fun*
spät	*late*
Spiegel	*mirror*
Spiel	*game*
spielen	*to play*
Spielplatz	*playground*
Spielzeug	*toy*
Spinne	*spider*
Spitzer	*sharpener*
Sport	*sport*
springen	*to jump*
Stadt (klein)	*town*
Stadt (groß)	*city*
stehen	*to stand*
stellen	*to put*
Stern	*star*
Stiefel	*boot (pl.: boots)*
Stift	*pen*
Strand	*beach*

Straße	*street, road*
Straßenbahn	*tram*
Streifen	*stripe*
Strickjacke	*cardigan*
Strümpfe	*stockings*
Stück	*piece*
Stuhl	*chair*
Stunde	*hour*
Stundenplan	*timetable*
Sturm	*storm*
Supermarkt	*supermarket*
Suppe	*soup*
süß, Süßigkeit	*sweet*
Sweatshirt	*sweatshirt*

T

Tafel	*blackboard*
Tag	*day*
Tal	*valley*
Tante	*aunt*
tanzen	*to dance*
Tasche	*bag*
Taschenlampe	*torch*
Tasse	*cup*
Taxi	*taxi*
Teddybär	*teddy bear*
Tee	*tea*
Teller	*plate*
Tennis	*tennis*
teuer	*expensive*
tief	*deep*
Tier	*animal*
Tisch	*table*
Tischtennis	*table tennis*
Toast	*toast*
Tochter	*daughter*
Toilette	*toilet*
Tomate	*tomato*
Topf	*pot*
Tor	*goal*
Traktor	*tractor*
Traum	*dream*
traurig	*sad*
treffen	*to meet*
Treppe	*stairs*
trinken	*to drink*
trocken	*dry*
Trommel	*drum*
Tschüss	*bye*
T-Shirt	*T-shirt*
tun	*to do*
Tunnel	*tunnel*
Tür	*door*

U

U-Bahn	*underground*
über	*about*
Übung	*exercise*
Uhr	*watch, clock*
und	*and*
uns	*us*
unser, unsere	*our*
unten (im Haus)	*downstairs*
unter	*under*
Unterhose	*underpants*
Urlaub	*holidays*

V

Vater	*father (dad)*
vergessen	*to forget*
verkaufen	*to sell*
verrückt	*crazy*
verschwinden	*to disappear*
verstecken	*to hide*
verstehen	*to understand*
viel	*much*
viele	*many, a lot of*
vielleicht	*perhaps*
vier	*four*
vierzehn	*fourteen*
vierzig	*forty*
violett	*purple*
Vogel	*bird*
von	*from, by*
vor	*in front of*
Vormittag	*morning*

W

Wald	*forest*
Wand	*wall*
wann	*when*
warm	*warm*
warten	*to wait*
warum	*why*
was	*what*
waschen	*to wash*
Wasser	*water*
Wecker	*alarm clock*
weich	*soft*
Weihnachten	*Christmas*
weil	*because*
weiß	*white*
weit	*far*
Wellensittich	*budgie*
Welt	*world*

wer	*who*
Wetter	*weather*
wie	*how*
wieder	*again*
wiederholen	*to repeat*
Wiese	*meadow*
wild	*wild*
willkommen	*welcome*
Wind	*wind*
windig	*windy*
Winter	*winter*
wir	*we*
wissen	*to know*
Witz	*joke*
wo	*where*
Woche	*week*
Wochenende	*weekend*
Wohnung	*flat*
Wohnzimmer	*living room*
Wolke	*cloud*
wolkig	*cloudy*
wollen	*to want*
Wort	*word*
wünschen	*to wish*
Würfel	*dice*
Wurst	*sausage*

Z

Zahl	*number*
Zahn	*tooth (pl.: teeth)*
Zauberer	*wizard*
Zaun	*fence*
Zebra	*zebra*
Zeh	*toe*
zehn	*ten*
zeichnen	*to draw*
zeigen	*to show*
Zeit	*time*
Ziege	*goat*
ziehen	*to pull*
Zimmer	*room*
Zitrone	*lemon*
Zucker	*sugar*
Zug	*train*
zuhören	*to listen*
Zunge	*tongue*
zurück	*back*
zwanzig	*twenty*
zwei	*two*
Zwiebel	*onion*
zwischen	*between*
zwölf	*twelve*

At school

Questions

What's this?
Have you got a .... ?

Is this your ... ?

Answers

It's a ... .
Yes, I have got a ... .
No, I haven't got a ... .
Yes, it is.
No, it isn't.

blackboard

desk

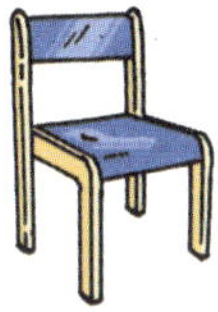

chair

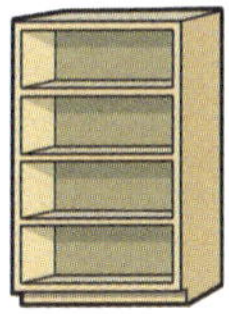

shelves

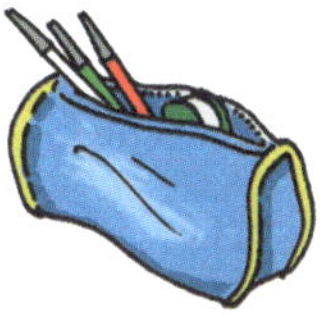

pencil case

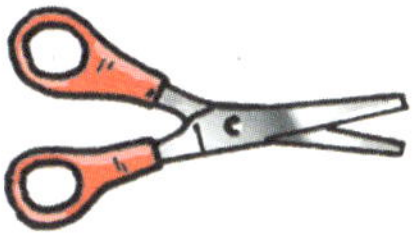

scissors

glue

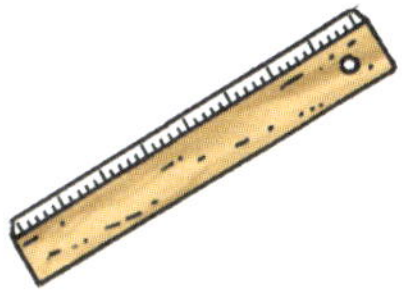

ruler

paintbox

paintbrush

book

folder

schoolbag

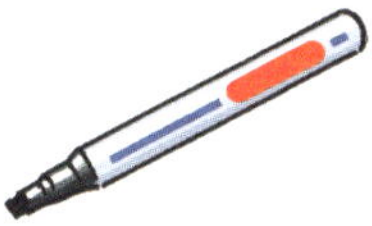

felt tip

fountain pen

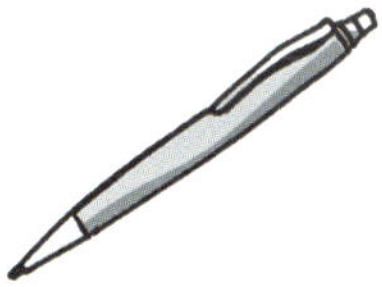

biro

pencil

sharpener

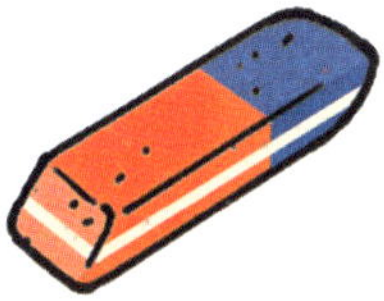

rubber

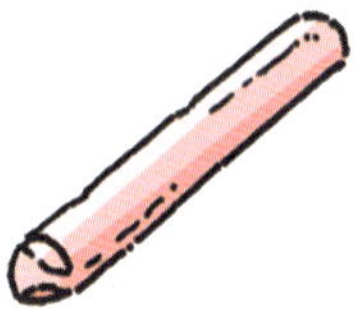

crayon

Questions

Do you like ... ?

Have you got a pet?

Answers

Yes, I like ... .
No, I don't like ... .
Yes, I have got a ... .
No, I haven't got a pet.

monkey

bear

elephant

duck

frog

giraffe

fish

cock

hamster

dog

hedgehog

rabbit

cow

lion

mouse

cat

pig

horse

sheep

budgie

Questions	Answers
What would you like?	I would like ... *pears*, please.
	I'd like ... .
Can I help you?	*Two* ... please.
How much is/are ... ?	It's ... £ (pound)/$ (dollar)/€ (euro).
	Here you are.

apple

pear

cherry

strawberry

pineapple

banana

kiwi

grapes

lemon

orange

plum

pumpkin

lettuce

peas

sweetcorn

onion

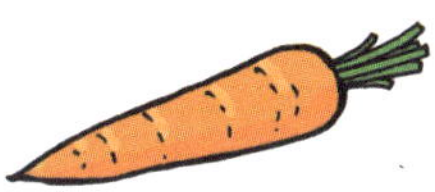
carrot

potato

green pepper

mushroom

Questions	Answers
Do you like ... ?	Yes, I like ... . No, I don't like ... .
What's your favourite food?	My favourite food is ... .
What's your favourite drink?	My favourite drink is ... .

honey

cheese

butter

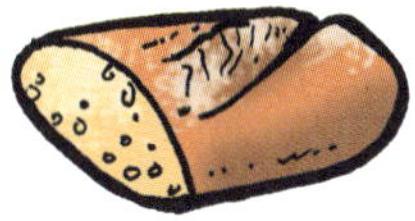
bread

jam

boiled egg

fried egg

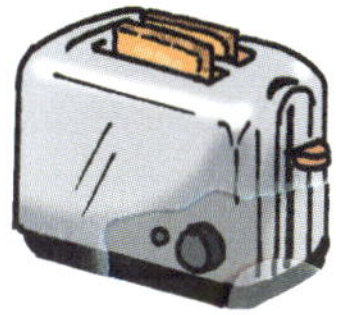
toast

lemonade

tea

mineral water

milk

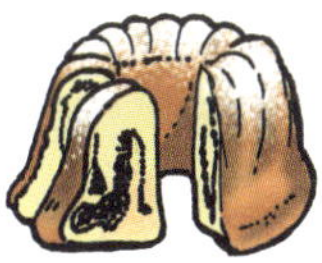
cake

salad

chicken

sandwich

pizza

spaghetti

chips

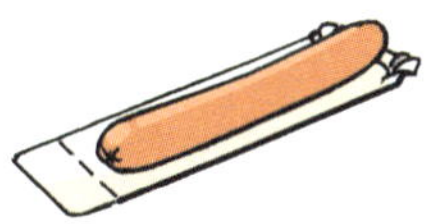
sausage

Family

Questions

Have you got a ... ?

How many ... have you got?

Answers

Yes, I have.
No, I haven't.
I have got ... *brothers*.

Hello and goodbye

Questions	Answers
How are you?	I'm fine thanks.
What's your name?	My name is ... .
Where are you from?	I'm from ... .
How old are you?	I'm ... years old.
What time is it, please?	It's ... o'clock.

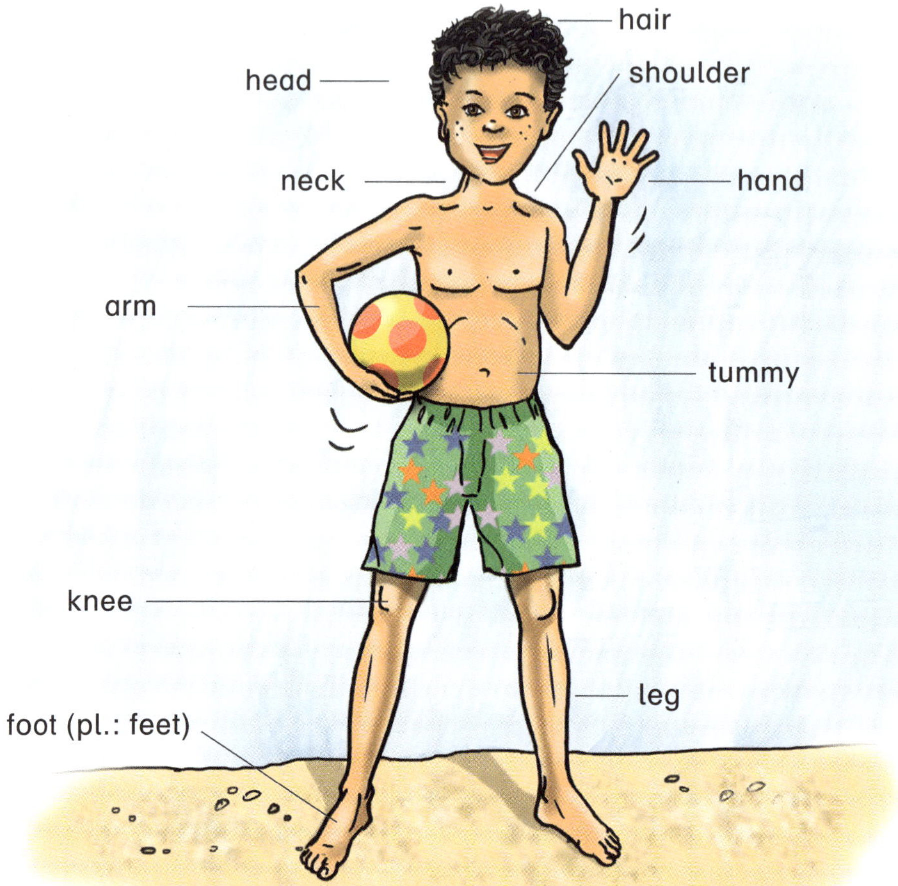

Questions

Show me your ... .

Answers

This is my ... .
These are my ... .

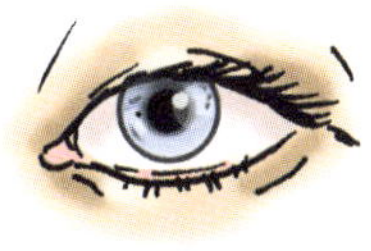
eye

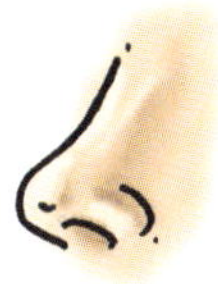
nose

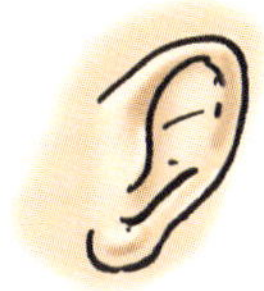
ear

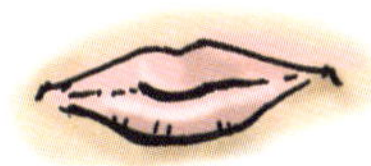
mouth

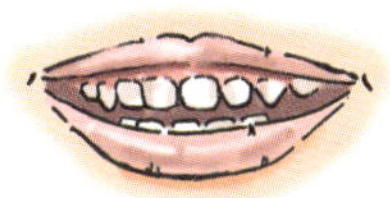
teeth

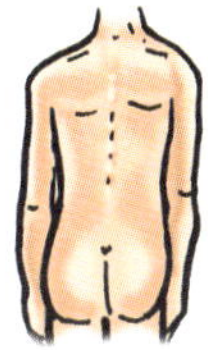
back

socks

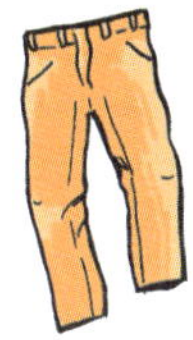
trousers

jeans

belt

dress

jacket

trainers

T-shirt

pullover

shirt

shoes

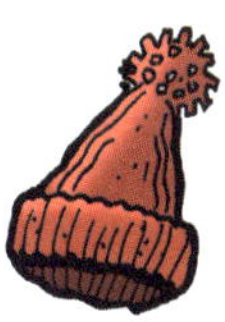
woolly hat

gloves

scarf

Questions	Answers
What would you like to play?	Let's play ... . Let's go ... . Let's ... .
What's your hobby?	It's ... .

cards

board game

marbles

hand puppet

doll`s house

train

car

computer

swimming

playing guitar

skating

cycling

listening to music

reading books

inline-skating

playing football

Colours, numbers, calendar

1	2	3	4	5	6	7	8	9	10
one	two	three	four	five	six	seven	eight	nine	ten

11	12	13	15	20	30	45
eleven	twelve	thirteen	fifteen	twenty	thirty	forty-five

Question	Answer
How many ... have you got?	I've got ... *pencils.*

red orange yellow green blue light blue brown white black

Question	Answer
What colour is it?	It's ... .

Monday	*Montag*
Tuesday	*Dienstag*
Wednesday	*Mittwoch*
Thursday	*Donnerstag*
Friday	*Freitag*
Saturday	*Samstag*
Sunday	*Sonntag*

Months and seasons

Questions

When's your birthday?
When's *Christmas/Easter*?

Answers

My birthday is in ... .
Easter is in ... .

Questions

Where is the ... ?
Where are the ... ?

Answers

The ... is in the ... .
The ... are in the ... .

garden

chimney

door

window

washbasin

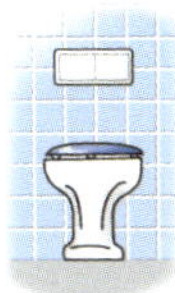
toilet

washing machine

shower

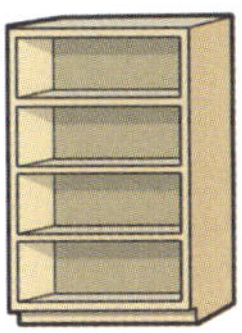
shelves

clock

television/TV

lamp

armchair

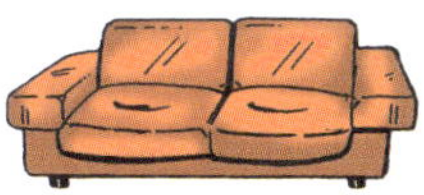
sofa

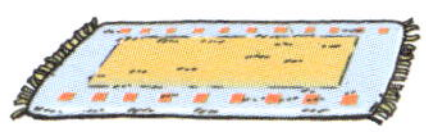
carpet

bed

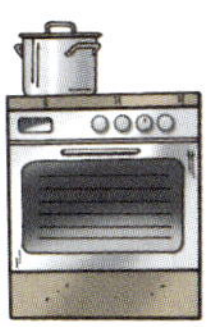
cooker

fridge

table

wardrobe

Englisch

Englisch – Deutsch

A

a, an	*ein*
about	*etwa, über*
Africa	*Afrika*
after	*nach*
afternoon	*Nachmittag*
again	*wieder*
airport	*Flughafen*
alarm clock	*Wecker*
all	*alle, alles*
also	*auch, ebenfalls*
always	*immer*
America	*Amerika*
American	*amerikanisch*
and	*und*
angel	*Engel*
animal	*Tier*
anorak	*Anorak*
answer	*Antwort*
apple	*Apfel*
April	*April*
arm	*Arm*
to arrive	*ankommen*
Asia	*Asien*
to ask	*fragen*
at	*an, bei*
August	*August*
aunt	*Tante*
Australia	*Australien*
autumn	*Herbst*

B

baby	*Baby*
back	*Rücken*
back	*zurück*
bad	*böse, schlecht*
bag	*Tasche*
to bake	*backen*
baker	*Bäcker*
bakery	*Bäckerei*
ball	*Ball*
banana	*Banane*
to bathe	*baden*
bathroom	*Badezimmer*
to be	*sein* (Verb)
beach	*Strand*
bean	*Bohne*
bear	*Bär*
beautiful	*schön*
because	*weil*
bed	*Bett*
bedroom	*Schlafzimmer*

to begin	*anfangen*
behind	*hinter*
bell pepper	*Paprika*
to belong	*gehören*
belt	*Gürtel*
to bend	*beugen*
berry	*Beere*
better	*besser*
between	*zwischen*
big	*groß*
bike	*Fahrrad*
bird	*Vogel*
birthday	*Geburtstag*
biscuit	*Keks*
black	*schwarz*
blackboard	*Tafel*
blouse	*Bluse*
blue	*blau*
boat	*Boot*
body	*Körper*
book	*Buch*
boot (pl.: boots)	*Stiefel*
bottle	*Flasche*
bowl	*Schüssel*
box	*Kiste, Schachtel*
boy	*Junge*
bread	*Brot*
break	*Pause*
breakfast	*Frühstück*
to breathe	*atmen*
bridge	*Brücke*
broom	*Besen*
brother	*Bruder*
brown	*braun*
brush	*Bürste*
to build	*bauen*
bus	*Bus*
bus stop	*Bushaltestelle*
but	*aber*
butcher	*Metzger*
butter	*Butter*
butterfly	*Schmetterling*
button	*Knopf*
to buy	*kaufen*
by	*an, bei, von*
bye	*Tschüss*

C

cage	*Käfig*
cake	*Kuchen*
calendar	*Kalender*
to call	*anrufen*
camel	*Kamel*

can	*können*
candle	*Kerze*
cap	*Mütze*
capital	*Hauptstadt*
car	*Auto*
cardigan	*Strickjacke*
carrot	*Möhre*
castle	*Burg, Schloss*
cat	*Katze*
to catch	*fangen*
caterpillar	*Raupe*
cellar	*Keller*
chair	*Stuhl*
chalk	*Kreide*
to change	*ändern*
cheap	*billig*
cheese	*Käse*
cherry	*Kirsche*
chicken	*Huhn*
child (pl.: children)	*Kind*
chimney	*Schornstein*
chips	*Pommes frites*
chocolate	*Schokolade*
Christmas	*Weihnachten*
church	*Kirche*
cinema	*Kino*
circle	*Kreis*
city	*Großstadt*
class	*Klasse*
classroom	*Klassenzimmer*
clean	*sauber*
to climb	*klettern*
clock	*Uhr*
to close	*schließen*
closed	*geschlossen*
clothes	*Kleidung*
cloud	*Wolke*
cloudy	*wolkig*
coast	*Küste*
coat	*Mantel*
coffee	*Kaffee*
cold	*kalt*
to collect	*sammeln*
colour	*Farbe*
comb	*Kamm*
to come	*kommen*
comfortable	*bequem*
computer	*Computer*
to cook	*kochen*
cooker	*Herd*
corner	*Ecke*
cornflakes	*Cornflakes*
country	*Land*
cow	*Kuh*

A B C D E F G H I J K L M N O P Q R S T U V W X Y Z

crazy	*verrückt*
crocodile	*Krokodil*
crossroads	*Kreuzung*
cucumber	*Gurke*
cup	*Tasse*
to cut	*schneiden*
to cycle, to ride	*Fahrrad fahren*

D

dad, daddy	*Papa*
to dance	*tanzen*
dangerous	*gefährlich*
dark	*dunkel*
date	*Datum*
daughter	*Tochter*
day	*Tag*
dear	*lieb*
December	*Dezember*
deep	*tief*
desk	*Schreibtisch*
dice	*Würfel*
difficult	*schwierig*
dining room	*Esszimmer*
dinner	*Abendessen*
dirty	*dreckig*
to disappear	*verschwinden*
to do	*tun, machen*
doctor	*Arzt, Ärztin*
dog	*Hund*
doll	*Puppe*
dolphin	*Delfin*
door	*Tür*
double	*doppelt*
down	*hinunter*
downstairs	*unten (im Haus)*
to draw	*zeichnen*
dream	*Traum*
dress	*Kleid*
drink	*Getränk*
to drink	*trinken*
driver	*Fahrer*
drum	*Trommel*
dry	*trocken*
duck	*Ente*

E

ear	*Ohr*
early	*früh*
earth	*Erde*
Easter	*Ostern*
easy	*einfach, leicht*
to eat	*essen*

egg	*Ei*
eight	*acht*
eighteen	*achtzehn*
eighty	*achtzig*
elephant	*Elefant*
eleven	*elf*
empty	*leer*
England	*England*
English	*englisch*
enough	*genug*
entrance	*Eingang*
evening	*Abend*
everybody	*jeder, alle*
example	*Beispiel*
exercise	*Übung*
exercise book	*Schulheft*
exit	*Ausgang*
expensive	*teuer*
eye	*Auge*

F

face	*Gesicht*
to fall	*fallen*
family	*Familie*
far	*fern, weit*
farm	*Bauernhof*
farmer	*Bauer, Bäuerin*
fast	*schnell*
father	*Vater*
favourite ...	*Lieblings...*
fear	*Angst*
feather	*Feder*
February	*Februar*
to feed	*füttern*
feeling	*Gefühl*
fence	*Zaun*
field	*Feld*
fifteen	*fünfzehn*
fifty	*fünfzig*
to find	*finden*
fine	*fein*
finger	*Finger*
fire	*Feuer*
first	*erste, erster*
fish (pl.: fish)	*Fisch*
five	*fünf*
flag	*Fahne*
flat	*Wohnung*
flight	*Flug*
floor	*Boden*
flower	*Blume*
to fly	*fliegen*
fly	*Fliege*

fog	*Nebel*
foggy	*neblig*
folder	*Hefter*
to follow	*folgen*
food	*Essen*
foot (pl.: feet)	*Fuß*
football	*Fußball*
for	*für*
forest	*Wald*
to forget	*vergessen*
fork	*Gabel*
forty	*vierzig*
fountain pen	*Füller*
four	*vier*
fourteen	*vierzehn*
fox	*Fuchs*
Friday	*Freitag*
fridge	*Kühlschrank*
friend	*Freund, Freundin*
friendly	*freundlich*
from	*von, aus*
frosty	*frostig*
fruit	*Früchte, Obst*
to fry	*braten*
fun	*Spaß*
funny	*lustig*

G

game	*Spiel*
garden	*Garten*
German	*deutsch*
Germany	*Deutschland*
to get	*bekommen*
to get up	*aufstehen*
ghost	*Gespenst*
giraffe	*Giraffe*
girl	*Mädchen*
to give	*geben*
glass	*Trinkglas*
glasses	*Brille*
gloves	*Handschuhe*
glue	*Kleber*
to go	*gehen*
goal	*Tor*
goat	*Ziege*
good	*gut*
goodbye	*Auf Wiedersehen*
to go shopping	*einkaufen*
grandfather	*Großvater*
grandma	*Oma*
grandmother	*Großmutter*
grandpa	*Opa*
grapefruit	*Pampelmuse*

grass	*Gras*
great	*groß, großartig*
green	*grün*
grey	*grau*
guest	*Gast*
guitar	*Gitarre*

H

hair	*Haar, Haare*
half	*halb*
hall	*Flur*
Halloween	*Halloween*
ham	*Schinken*
hamster	*Hamster*
hand	*Hand*
to hang	*hängen*
happy	*glücklich*
hat	*Hut*
to have	*haben*
he	*er*
head	*Kopf*
to hear	*hören*
heart	*Herz*
hello	*hallo*
helmet	*Helm*
to help	*helfen*
her	*ihr, sie*
here	*hier*
to hide	*verstecken*
high	*hoch*
hill	*Hügel*
him	*ihm, ihn*
hippo	*Nilpferd*
his	*sein, seine*
hobby	*Hobby*
holidays	*Ferien, Urlaub*
homework	*Hausaufgaben*
honey	*Honig*
horse	*Pferd*
hospital	*Krankenhaus*
hot	*heiß*
hour	*Stunde*
house	*Haus*
how	*wie*
hundred	*hundert*
hungry	*hungrig*

I

I	*ich*
ice cream	*Eiscreme*
ill	*krank*
in	*in*

A B C D E F G H I J K L M N O P Q R S T U V W X Y Z

in front of	*vor*
inside	*innen*
invitation	*Einladung*
Ireland	*Irland*
island	*Insel*
it	*es*

J

jacket	*Jacke*
jam	*Marmelade*
January	*Januar*
jeans	*Jeans*
job	*Arbeitsstelle*
joke	*Witz*
juice	*Saft*
July	*Juli*
to jump	*springen*
June	*Juni*

K

kangaroo	*Känguru*
ketchup	*Ketchup*
king	*König*
to kiss	*küssen*
kitchen	*Küche*
kite	*Drachen*
knee	*Knie*
knife (pl.: knives)	*Messer*
to know	*wissen*

L

ladder	*Leiter*
lake	*See*
lamp	*Lampe*
late	*spät*
leaf (pl.: leaves)	*Blatt*
to learn	*lernen*
left	*links*
leg	*Bein*
lemon	*Zitrone*
to let	*lassen*
letter	*Brief*
letter box	*Briefkasten*
light	*Licht*
light blue	*hellblau*
to like	*mögen*
lion	*Löwe*
lip	*Lippe*
to listen	*zuhören*
little	*klein*

to live	*leben*
living room	*Wohnzimmer*
lolly	*Lutscher*
long	*lang*
loud	*laut*
to love	*lieben*
lunch	*Mittagessen*

M

man (pl.: men)	*Mann*
many	*viele*
map	*Karte (Landkarte)*
March	*März*
market	*Markt*
marmalade	*Marmelade*
to marry	*heiraten*
maths	*Mathematik*
may	*dürfen*
May	*Mai*
me	*mir, mich*
meadow	*Wiese*
meat	*Fleisch*
to meet	*treffen*
Merry Christmas!	*Frohe Weihnachten!*
milk	*Milch*
mineral water	*Mineralwasser*
minute	*Minute*
mirror	*Spiegel*
moment	*Augenblick*
Monday	*Montag*
money	*Geld*
monkey	*Affe*
month	*Monat*
moon	*Mond*
more	*mehr*
morning	*Vormittag*
mother	*Mutter*
motorbike	*Motorrad*
mountain	*Berg*
mouse (pl.: mice)	*Maus*
mouth	*Mund*
much	*viel*
mum	*Mama*
mushroom	*Pilz*
music	*Musik*
must	*müssen*
my	*mein, meine*

N

name	*Name*
near	*nah*
neck	*Hals*

to need	*brauchen*
nest	*Nest*
never	*nie*
new	*neu*
next to	*neben*
nice	*nett, schön, gut*
night	*Nacht*
nine	*neun*
nineteen	*neunzehn*
ninety	*neunzig*
no	*nein*
north	*Norden*
nose	*Nase*
not	*nicht*
November	*November*
now	*jetzt*
number	*Zahl*
nut	*Nuss*

O

October	*Oktober*
okay, OK	*okay*
old	*alt*
on	*auf*
one	*eins*
one hundred	*einhundert*
onion	*Zwiebel*
only	*nur*
open	*offen*
opposite	*gegenüber*
orange	*Apfelsine*
orange juice	*Orangensaft*
our	*unser, unsere*
oven	*Backofen*

P

page	*Seite*
to paint	*malen*
paintbrush	*Pinsel*
palace	*Palast*
pan	*Pfanne*
parents	*Eltern*
park	*Park*
party	*Feier*
to pay	*bezahlen*
peach	*Pfirsich*
pear	*Birne*
pedestrian	*Fußgänger*
pen	*Stift*
pencil	*Bleistift*
pencil case	*Mäppchen*
penguin	*Pinguin*

people	*Leute*
pepper	*Pfeffer*
perhaps	*vielleicht*
pet	*Haustier*
piano	*Klavier*
picture	*Bild*
piece	*Stück*
pig	*Schwein*
pineapple	*Ananas*
pink	*pink*
pizza	*Pizza*
place	*Platz*
plane	*Flugzeug*
plate	*Teller*
to play	*spielen*
playground	*Spielplatz*
please	*bitte*
plum	*Pflaume*
police	*Polizei*
poor	*arm*
post office	*Post*
pot	*Topf*
potato	*Kartoffel*
present	*Geschenk*
to pull	*ziehen*
pullover	*Pullover*
pumpkin	*Kürbis*
pupil	*Schüler(in)*
purple	*lila*
to put	*setzen, stellen, legen*
to put on	*anziehen*
puzzle	*Puzzle*

Q

quarter	*Viertel*
queen	*Königin*
question	*Frage*

R

rabbit	*Kaninchen*
racing car	*Rennauto*
radio	*Radio*
rain	*Regen*
rainbow	*Regenbogen*
rainy	*regnerisch*
to read	*lesen*
red	*rot*
to repair	*reparieren*
to repeat	*wiederholen*
to ride	*reiten, fahren*
right	*rechts*

to ring	*klingeln*
river	*Fluss*
road	*Straße, Weg*
rock	*Felsen*
roll	*Brötchen*
roof	*Dach*
room	*Zimmer*
rope	*Seil*
rose	*Rose*
rubber	*Radiergummi*
rubbish	*Abfall, Müll*
ruler	*Lineal*
to run	*rennen*

S

sad	*traurig*
salad	*Salat*
salt	*Salz*
sandals	*Sandalen*
sandpit	*Sandkasten*
sandwich	*Sandwich*
Saturday	*Samstag*
sausage	*Wurst*
to say	*sagen*
scarf (pl.: scarves)	*Schal*
school	*Schule*
schoolbag	*Schultasche*
scissors	*Schere*
Scotland	*Schottland*
sea	*Meer*
seal	*Seehund*
season	*Jahreszeit*
second	*Sekunde*
secret	*geheim*
to see	*sehen*
to sell	*verkaufen*
to send	*schicken*
September	*September*
seven	*sieben*
seventeen	*siebzehn*
seventy	*siebzig*
to shake	*schütteln*
sharpener	*Spitzer*
she	*sie (Einzahl)*
sheep (pl.: sheep)	*Schaf*
shelves	*Regal*
to shine	*scheinen*
ship	*Schiff*
shirt	*Hemd*
shoe	*Schuh*
shop	*Geschäft*
short	*kurz*
shoulder	*Schulter*

to show	*zeigen*
shower	*Dusche, Schauer*
to shut	*schließen*
sick	*krank*
to sing	*singen*
sister	*Schwester*
to sit	*sitzen*
six	*sechs*
sixteen	*sechzehn*
sixty	*sechzig*
skateboard	*Skateboard*
skin	*Haut*
skirt	*Rock*
sky	*Himmel*
sledge	*Schlitten*
slide	*Rutsche*
slow	*langsam*
small	*klein*
snake	*Schlange*
snow	*Schnee*
snowball	*Schneeball*
snowboard	Snowboard
soap	*Seife*
socks	*Socken*
sofa	*Sofa*
soft	*weich*
some	*einige*
son	*Sohn*
song	*Lied*
sorry	*Entschuldigung!*
soup	*Suppe*
sour	*sauer*
spaghetti	*Spaghetti*
spider	*Spinne*
spoon	*Löffel*
sport	*Sport*
spring	*Frühling*
stairs	*Treppe*
stamp	*Briefmarke*
to stand	*stehen*
star	*Stern*
station	*Bahnhof*
to stay	*bleiben*
stockings	*Strümpfe*
to stop	*anhalten*
storm	*Sturm*
story	*Geschichte*
straight ahead	*geradeaus*
strawberry	*Erdbeere*
street	*Straße*
stripe	*Streifen*
stupid	*dumm*
sugar	*Zucker*
suitcase	*Koffer*

summer	*Sommer*
sun	*Sonne*
Sunday	*Sonntag*
sunglasses	*Sonnenbrille*
sunny	*sonnig*
supermarket	*Supermarkt*
sweatshirt	*Sweatshirt*
sweet	*süß, Süßigkeit*
to swim	*schwimmen*
swing	*Schaukel*

T

table	*Tisch*
table tennis	*Tischtennis*
to take	*nehmen*
to take off	*ausziehen*
tall	*groß*
to taste	*schmecken*
taxi	*Taxi*
tea	*Tee*
teacher	*Lehrer(in)*
team	*Mannschaft*
teddy bear	*Teddybär*
television	*Fernseher*
to tell	*erzählen*
ten	*zehn*
tennis	*Tennis*
thank you	*danke*
the	*der, die, das*
there	*da, dort*
they	*sie* (Mehrzahl)
thin	*dünn*
to think	*denken*
thirsty	*durstig*
thirteen	*dreizehn*
thirty	*dreißig*
this	*dies, dieses*
three	*drei*
through	*durch*
Thursday	*Donnerstag*
ticket	*Fahrkarte*
tiger	*Tiger*
time	*Zeit*
timetable	*Stundenplan*
tired	*müde*
toast	*Toast*
today	*heute*
toe	*Zeh*
toilet	*Toilette*
tomato	*Tomate*
tomorrow	*morgen*
tongue	*Zunge*
too	*auch*

tooth (pl.: teeth)	*Zahn*
torch	*Taschenlampe*
tortoise	*Schildkröte*
towel	*Handtuch*
town	*kleine Stadt*
toy	*Spielzeug*
tractor	*Traktor*
traffic lights	*Ampel*
train	*Zug*
tram	*Straßenbahn*
to travel	*reisen*
tree	*Baum*
trip	*Ausflug*
trousers	*Hose*
T-shirt	*T-Shirt*
Tuesday	*Dienstag*
tummy	*Bauch*
tunnel	*Tunnel*
to turn	*drehen*
twelve	*zwölf*
twenty	*zwanzig*
two	*zwei*

U

umbrella	*Regenschirm*
uncle	*Onkel*
under	*unter*
underground	*U-Bahn*
underpants	*Unterhose*
to understand	*verstehen*
up	*hinauf*
upstairs	*oben (im Haus)*
us	*uns*
to use	*benutzen*

V

valley	*Tal*
vegetable	*Gemüse*
very	*sehr*
village	*Dorf*
to visit	*besichtigen*

W

to wait	*warten*
wall	*Wand*
to want	*wollen*
war	*Krieg*
wardrobe	*Schrank (für Kleider)*
warm	*warm*
to wash	*waschen*
to watch	*anschauen*

watch (pl.: watches)	*Armbanduhr*
to watch TV	*fernsehen*
water	*Wasser*
we	*wir*
weather	*Wetter*
Wednesday	*Mittwoch*
week	*Woche*
weekend	*Wochenende*
welcome	*willkommen*
well	*gut*
wet	*nass*
what	*was*
when	*wann*
where	*wo*
white	*weiß*
who	*wer*
why	*warum*
wild	*wild*
wind	*Wind*
window	*Fenster*
windy	*windig*
wing	*Flügel*
winner	*Sieger(in)*
winter	*Winter*
to wish	*wünschen*
witch	*Hexe*
with	*mit*
without	*ohne*
wizard	*Zauberer*
woman (pl.: women)	*Frau*
word	*Wort*
to work	*arbeiten*
world	*Welt*
to write	*schreiben*
wrong	*falsch*

Y

year	*Jahr*
yellow	*gelb*
yes	*ja*
yesterday	*gestern*
yoghurt	*Joghurt*
you	*du, dir; ihr, euch; Sie*
young	*jung*
your	*dein, deine; euer, eure; Ihr, Ihre*

Z

zebra	*Zebra*
zero	*Null*

Kleine Grammatik

Nomen (Namenwörter)

Nomen sind Namen für
- Gegenstände: Hut, Auto, Haus ...
- Personen: Lukas, Oma, Lehrer ...
- Tiere: Kuh, Hund, Katze ...
- Pflanzen: Gras, Rose, Birke ...
- Gefühle und Gedanken: Liebe, Glück ...

Fast alle Nomen besitzen einen *Artikel* (der, die, das).

der Baum

Die meisten Nomen gibt es in der *Einzahl* (Singular) und in der *Mehrzahl (Plural)*.

ein Kind
viele Kinder

Nomen werden am Wortanfang *großgeschrieben*.

Fast alle Nomen kann man mit der *Nomenprobe* finden.
Bei der Nomenprobe wird überprüft,
ob es das Wort in der Einzahl und der Mehrzahl gibt.

das Haus
viele Häuser

die Rose
viele Rosen

der Traum
viele Träume

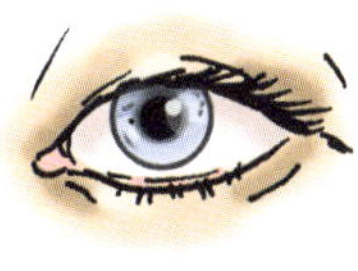
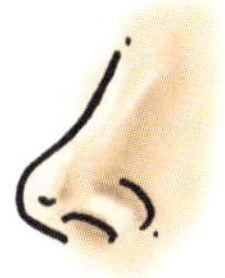
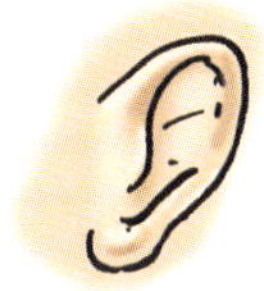
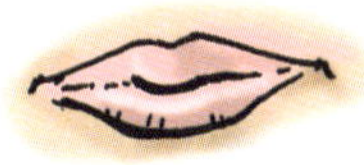
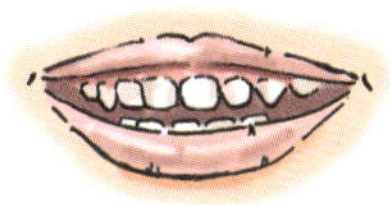
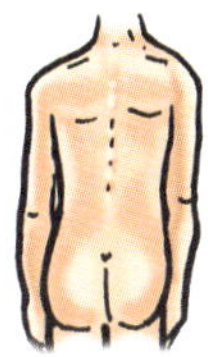
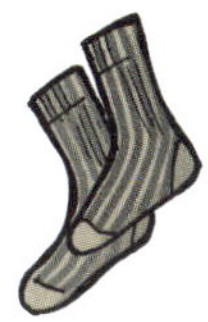
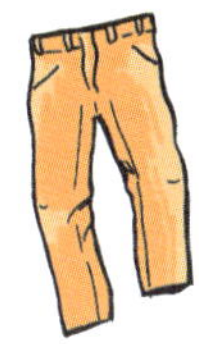
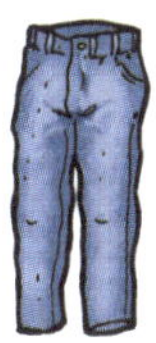
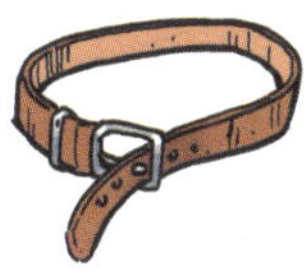
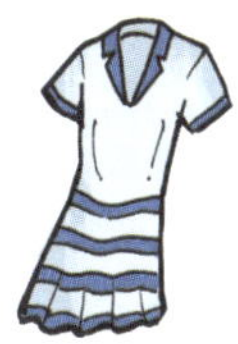
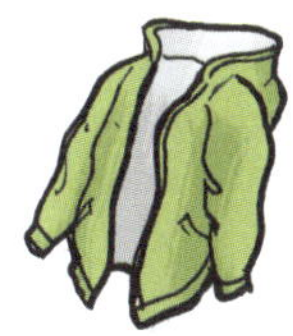
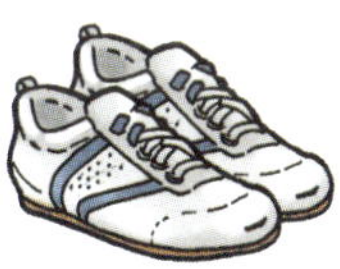
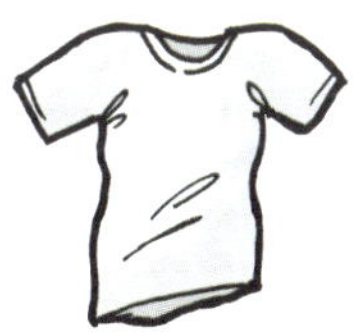
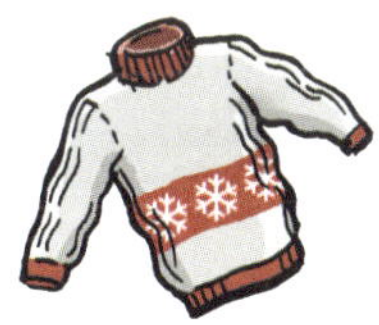
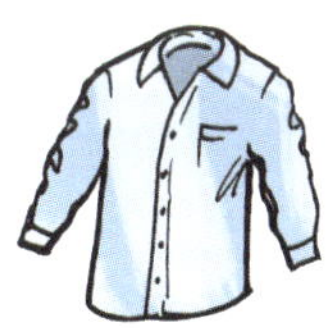
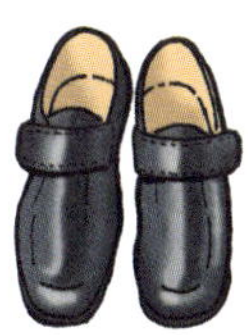
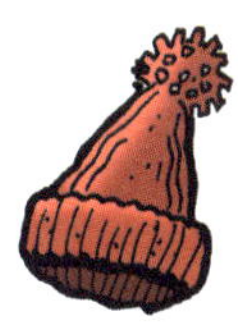
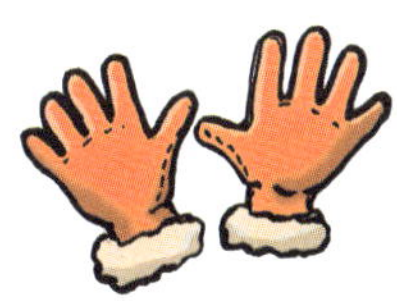
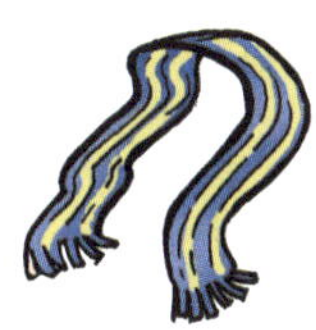
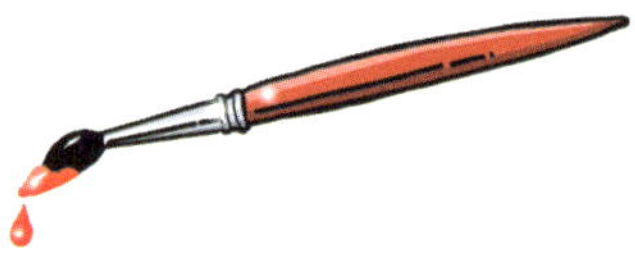

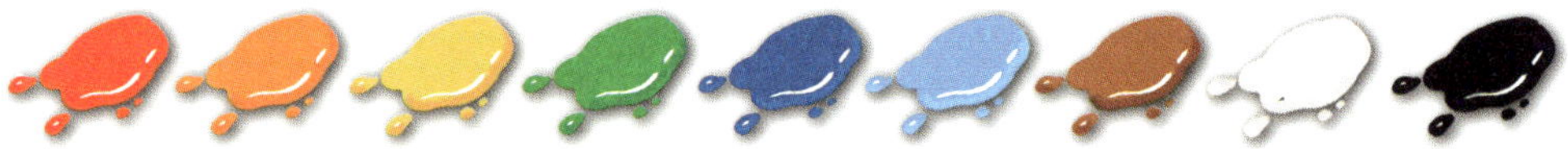

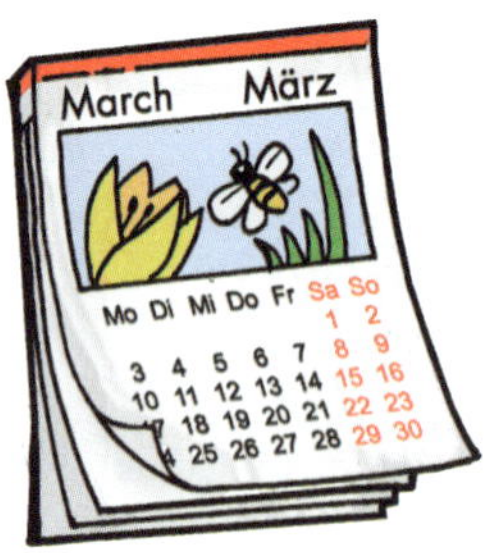

Verben (Tunwörter)

Verben geben an,
was jemand tut oder was geschieht.

spielen, lesen,
duften, schrumpfen

Verben *verändern* sich,
wenn sie in unterschiedlichen
Zeitformen stehen.

ich male
ich malte
ich habe gemalt

Verben *verändern* sich auch,
wenn ihnen unterschiedliche
Pronomen (Fürwörter) vorausgehen.

ich male
du malst
er malt
wir malen
ihr malt
sie malen

Verben werden in der *Grundform* angegeben.
Die Grundform hat meist die Endung -en.

lesen

Verben kann man mit der *Verbprobe* finden.
Bei der Verbprobe wird überprüft,
ob sich das Wort in die Vergangenheitsform setzen lässt.

ich spiele
ich spielte

sie läuft
sie lief

er lacht
er lachte

Adjektive (Wiewörter)

Adjektive geben an, wie etwas sein kann.

alt, bunt, dunkel, eng, flüssig, glatt, glücklich, groß, grün,
heiß, jung, kalt, leicht, mutig, neu, offen, rund, still, süß, wild ...

Die meisten Adjektive lassen sich *steigern*.

bunt bunter am buntesten

Adjektive können *zwischen* einem *Artikel* und einem *Nomen* stehen.

Artikel	Adjektiv	Nomen
das	große	Haus
die	schöne	Maus

Fast alle Adjektive kann man mit der *Adjektivprobe* finden.
Bei der Adjektivprobe wird überprüft,
ob sich das Wort steigern lässt.

klein kleiner am kleinsten